親切で世界を救えるか

ぼんやり者のケア・カルチャー入門

堀越英美

Hidemi Horikoshi

太田出版

はじめに

ケア（care）という言葉が指す範囲は幅広い。気配り、配慮、心配、お世話、他人を気にかけることすべて。どのような意味においても、私はケアをすることが苦手な人間だった。他者をケアするには、相手が求めることを察してすばやく動く腰の軽さと空気を読む能力が必要だが、私にはそのどちらもなかった。あまりにもぼんやりしすぎていたせいである。

若い頃、初めて会った仕事相手の方に「学級委員みたいで怖そうだと思ってたんですよ」と言われたときも、あわてて「学級委員なんてとんでもない。私は校庭に転がっているコーラの空き缶に蟻が行列を作っているのを、授業中ずっと眺めているようなぼんやり者だったのです」と否定したくらいだ。なぜ私は初対面の人にしょうもないカミングアウトをしているのか？　としばし我に返ったものの、相手の表情が警戒から共感に変わっていくのがわかった。

しっかり者で他人のケアができる心の余裕があり、弱い者いじめがあれば助けに行き、不正にははっきりと意見する。学級委員は、他人のケアどころか自分のケアさえままならなかった私のようなぼんやり人間には到底務まらない、人間のステージが高そうな仕事である。にもかかわらず「学級委員みたい」という言葉には、どういうわけか必死に否定したくなるような好もしからぬ響きがあった。「ケアをする者」は学校や家庭で重用される一方で、同年代からは退屈で面白味に欠ける存在だとみなされていたせいだと思う。

ところが最近、「ケアをする者」の人気が非常に高くなっているのを感じる。かつてアスリート、ミュージシャン、俳優、作家、お笑い芸人といった人々は、人を人とも思わないふるまいで天才性をアピールしていたところがあるが、最近はみな他人への気配りがしっかりできる人が多い。優秀な若者は、ケア能力も総じて高いのが通例になっている。それをよく思わない中高年が「〇〇は学級委員みたいでつまらない」などとSNSで放言したら、炎上は免れないだろう。気分を害してみせて周囲にケアさせる「気難しい天才」の居場所は、もはやほとんどないように思える。まして天才でもない凡人がぼんやりを口実にケアを放棄した日には、生き延びることすら難しそうだ。

最新流行のポップカルチャーでも、ケアの要素が多分に含まれているものをよく見かけるようになった。露悪・冷笑趣味全盛だった90年代を生きてきた私からすると、隔世の感がある。

「ケアの倫理」という言葉を最近よく聞くようになったのも、こうした世情と無関係ではないのだろう。いくら敵を作っても他者の声に鈍感でいられた時代と違い、人を傷つければすぐさまSNSで罵声や怒号を浴びるとなれば、ケアを怠らないのは自分のメンタルを保つうえでも重要となる。

私自身、二人の子供を十数年育てているうちに、ケアへの苦手意識が薄れてきているのも事実だ。小さな子が転びそうになったり車道に出そうになったりしたら反射的に助けに走るし、電車の中で老人が立っていれば、離れた場所にいても大きめの声をかけて座らせる。倒れた市長をとっさに土俵に上がって助けた看護師たちのようなケアの達人にはほど遠いものの、ほんの少しはケアというものがわかってきたように思う。

「おばちゃんになった」といえば、それまでである。ただ、それなりに訓練を積んだ結果なのだと言いたい気持ちもある。ケアは本能でも特殊スキルでもなく、慣れによって誰でもある程度はできるようになることなのではなかろうか。学級委員にはなれなくても、他人を愛する余裕もないときでも、助けが必要そうな人に親切にすることくらいならなんとかなる。さらに見知らぬ他人に親切にした日は、「しっかり者の私……ウフフ……」と機嫌よく過ごせていいことずくめだ。若い頃に読んだカート・ヴォネガットの小説『ジェイルバード』に登場する有名なフレーズ「愛は負けても、親切は勝つ」とは、こういうことだったのかと腑に落ちた。

ケア能力があるということは、ダグラス・アダムスのSF小説『銀河ヒッチハイク・ガイド』（安原和見訳、河出文庫）で恒星間ヒッチハイカーの必需品とされるタオルのようなものだと思う。タオルがあれば、体に巻いて暖をとったり、頭に巻いて有害なガスを避ける寒さや有害ガスから身を守ることができる。のみならず、文化がとてつもなく異なる宇宙人たちとうまくやっていける可能性が高まる。銀河の荒波にもまれてもタオルのありかがわかっているなんて、たいした人物だと一目置かれるからだ。

人にやさしく、タオルを忘れずに。自分のようなぼんやり者は、なかなか自然に自他をケアする力は身につかないから、銀河ヒッチハイカーたちのようにガイドが必要だ。現代のポップカルチャーを通して、ケアのなんたるかを学んでいきたい。

親切で世界を救えるか　目次

第1章

ケアの復権

『鬼滅の刃』にみるケアの倫理

「初見の人間が感動して泣くところを見たい」という『鬼滅の刃』ファンの中学1年生の娘に連れられて、映画『劇場版「鬼滅の刃」無限列車編』（2020年）を鑑賞した。「こんなに泣きを期待されて泣かなかったら、ハードめな反抗期が前倒しで来てしまうのでは……。泣いたら泣いたで恥ずかしいし」。そんな心配は幸い、杞憂に終わった。劇場の明かりがついてみれば、我々だけでなく、隣の母娘も前方の席の父息子も、小学生男子グループも10代女子3人組も、みんなべそべそ泣いていたからである。今まで子連れで訪れてきたどんなファミリー映画でも、これほどの熱気を体験したことはなかった。

歴代記録を次々に塗り替えるほどの大ヒットとなれば、当然にその人気の秘密を知りたくなる。『鬼滅の刃』の魅力を語りつくすには早口でも五億年かかるという娘に言わせれば、絵、セリフやオノマトペのセンス、小説のようなモノローグ、とにかく何もかもがよいということなのだけれども、特に好きなのは主人公の竈門炭治郎《かまどたんじろう》とその妹・禰豆子《ねずこ》のキャラクターだという。

「今まで読んだ少年マンガや大人のマンガで、普通に優しくていい子の主人公見たことがなかったから。敬語使えるしマナー守ってるし」

「守られるだけのキャラがいないところがいい。禰豆子ちゃんも最初お姫様ポジと思ってたらいきなり鬼の首蹴り飛ばしてたからまじびっくりした」

「やっぱきょうだい愛、家族愛がいいよ。人間が好きなのは家族愛だから」

未就学児向けの特撮ヒーローや「プリキュア」シリーズならいざしらず、少年向けの主人公が道徳的な「いい子」であるのは珍しいらしく、多くの人が「いい子すぎてつまらない」「目新しくて新鮮」と評するのを目にする。とはいえ戦前の少年文化までさかのぼれば、こうした主人公は決して特異なものではない。

戦前ヒーローとの共通点

初めてアニメ版『鬼滅の刃』を見た際に、私がまず連想したのは、大正時代の子供たちの間で一大ブームを巻き起こした立川文庫の『猿飛佐助』だった。立川文庫とは、立川文明堂という出版社が発行した「書き講談」のシリーズである。

似ていると感じたのは「少年剣士の修行モノ」という骨格だけではない。説明的なセリフ、モノローグの多さである。セリフで状況を説明しすぎることは通常好まれないが、言い回しに独特のセンスがあるので心地よく響く。これが講談から生まれた立川文庫的なのである。『猿飛佐助』の序盤で、3年におよぶ剣術・忍術の修行のつらさを佐助が独白する箇所を例に挙げる。

アアい睡《ねむ》い、稽古《けいこ》をしてもらうのは有難《ありがた》いけど、これでは身体《からだ》が続《つづ》かない、おまけに夜分何時《やぶんいつ》来るのか分《わか》らぬと云《い》われては、辛棒《しんぼう》が出来《でき》なくなる、乃公《おれ》は彼《か》の老人《ろうじん》に責《せ》め殺《ころ》されるのかもしれない……、イヤイヤそんな弱音《よわね》を吐《は》いてはまた叱《しか》られる、ナニッ糞《くそ》ッ、これ位《くらい》でウ……ム……。

人物往来社編『立川文庫・猿飛佐助』（人物往来社、1968年）12頁　※一部現代仮名遣いに変更

弱音を吐き、自分を奮い立たせるまでを一息で語る。この過剰な語りが、内面を想像する余地のないカラッとした読み味に一役買っている。真田幸村の家来になってから展開される奇想天外な忍術バトルでは、佐助だけでなく悪役も「ハッハハハ、左様なことは釈迦に説法、百も承知二百も合点だ。世の中は太く短く暮らすが得だよ」などと持論を語りだしたりして能弁だ。

「水の呼吸」ならぬ「水遁《すいとん》の術」で洪水を巻き起こせる佐助の超人パワーをもってすれば天下統一も夢ではないはずだが、剣術で降参させた佐助の説教で相手が改心するのが十八番《おはこ》となっている。佐助が戦うのは、あくまで主君のため。「忠」という儒教道徳に従順な「いい子」なのだ。

セリフとオノマトペを多用するリズミカルな語り口調で書かれた立川文庫は、小学校を終えてすぐ丁稚《でっち》奉公に出されていたような貧しい勤労少年たちにもよく読まれた。

読みやすさもさることながら、少年少女の多くが家の仕事を担い、奉公先で過酷な労働に従事する子供も珍しくなかった時代、訓練で得た技術と心の清らかさで出世する佐助の

ような「いい子」が大衆児童に好まれるのは必然だったろう。子供たちが忍術ごっこに明け暮れる人気ぶりに、立川文庫禁止令を出した小学校もあったほどだ。子供たちだけではない。娘から『猿飛佐助』を没収した文豪の幸田露伴も、娘そっちのけで夢中になってしまったという。[*1]

忍術をトリックで再現した映画版との相乗効果で、ブームはますます過熱した。映画化によって人気が加速したところ、読み手が性別・世代を問わないところも、『鬼滅の刃』ブームを思わせる。

佐助はまた、助けた女性から手紙が届いても未読スルーしてしまうくらい堅物の少年で、彼の潔癖さを引き立てる女好きの同輩も登場する。このあたりも、清らかな炭治郎と女好きの仲間・我妻善逸《あがつまぜんいつ》の関係性を彷彿とさせる。

こうした潔癖・熱血なヒーロー像は、のちに立川文庫に代わって人気を博した読み物雑誌『少年倶楽部』にも受け継がれる。少年向けの熱血読み物文化は戦時中に愛国一色となり、戦後はマンガ文化にとって代わられた。1950年代に群を抜いて人気だったマンガは、少年剣士モノの『赤胴鈴之助』(1954年連載開始)である。父親の形見である赤い胴着を身につけた主人公は、幕府転覆をもくろむ「鬼面党」らと戦いながら剣の修行を積み、成長していく。

単行本の見返しには、「親おもいで、心がやさしく、正しいことのためには、なにものもおそれずぶつかっていく勇気のある少年！　日本中の少年が、みんなこのような少年になってもらいたい」という作者のメッセージが、母の肩たたきをする鈴之助のイラストとともに記されている。鈴之助の正義のベースにあるのは、「孝」である。

大正時代からさらにさかのぼると、日本の少年向けフィクションの原点ともいうべき明治時代中期のベストセラー小説『こがね丸』（巌谷《いわや》小波《さざなみ》）は親の仇討ちのために武者修行に出る話で、やはり「孝」の儒教道徳がベースにある。そのインスパイア元のひとつである江戸時代の『南総里見八犬伝』（曲亭馬琴）も、犬士たちによる親の仇討ちエピソードとは切り離せない。儒教における八つの徳目（仁・義・礼・智・忠・信・孝・悌《てい》）をそれぞれ持った八犬士は、当然ながら道徳的である。

＊1　幸田文『ちぎれ雲』（講談社文芸文庫、1993）

「忠」と「孝」から「ケアの倫理」へ

道徳的な「いい子」である点で、『鬼滅の刃』の炭治郎と1950年代以前のヒーローたちは共通している。違うのは、かつてのヒーローたちの道徳性を担保していたのが、儒教的な「忠」と「孝」である点だ。

『鬼滅の刃』の炭治郎は親きょうだいを鬼に殺されているが、身体がボロボロになってまで戦うのは「親の仇討ち」のためだけではないし、鬼殺隊を束ねるお館様に忠義を尽くすためというわけでもない。

大正時代の貧しい炭焼き小屋の長男として生まれ、父亡きあと母を支えて家業と弟妹の世話と家事を担っていた炭治郎の行動の基盤は、「ケアの倫理」にある。**ケアの倫理とは、儒教道徳のように秩序を守るために一般化された原理ではなく、それぞれ異なる他者の感情を想像し、配慮し、手を差し伸べるといった具体的な実践に価値をおく倫理である。**兄とともに家を支えていた長女の禰豆子も、兄の倫理感を継承している。

この二人が普段やさしい反面、よその子を傷つける強者に危険を顧みず立ち向かう倫理観の持ち主だったことが、生前の弟の口から語られる回想シーンがある。二人は鬼が現れる前から、ケアを担う相棒同士だったのだ。

炭治郎を貫くケアの倫理は、「弱きを助け強きを挫《くじ》く」従来のヒーロー的ふるまいにとどまらない。裏方仕事をする者たちに感謝を欠かさず、兄を亡くした少年を文通で慰め、「お袋」呼ばわりされるほど上手な飯炊きで仲間たちの心を和ませる。

「柱（筆者注・鬼殺隊トップの剣士）の時間と君たちの時間は全く価値が違う」と合理性の観点から刀鍛冶の少年をないがしろにする柱の一人には、「こう……何かこう……すごく嫌!! 何だろう」「配慮かなぁ!? 配慮が欠けていて残酷です!!」と反論する。炭治郎を動かすものが、言語化された原則ではなく、弱い立場の人が配慮されていないのが「嫌」という感情であることがわかるセリフである。

炭治郎のケアによって癒された人々は彼のために尽力し、ケアの相互作用によって炭治郎はますます強くなる。

相互にケアしなければ生き延びられない

弱者が淘汰されるのは自然の摂理だと語る鬼の猗窩座《あかざ》に対し、炭治郎はこう反論する。

「お前の言ってることは全部間違ってる」
「お前がそこに居ることがその証明だよ」
「生まれた時は誰もが弱い赤子だ／誰かに助けてもらわなきゃ生きられない」
「お前もそうだよ猗窩座《あかざ》／記憶にはないのかもしれないけど／赤ん坊の時お前は／誰かに守られ助けられ今／生きているんだ」
「強い者は弱い者を助け守る／そして弱い者は強くなり／また自分より弱い者を守る／これが自然の摂理だ」

『鬼滅の刃』第17巻

強者だけが生きのびるに値するという社会ダーウィニズムを「自然の摂理」として突き付ける鬼に、24時間ケアが必要な赤ちゃん育児を知る炭治郎は「人間は相互にケアしあわなければ生きのびることができない」というもう一つの自然で対抗する。
「強い者は弱い者を助け守る」は、劇場版の重要キャラである鬼殺隊の煉獄杏寿郎《れんごくきょうじゅろう》を貫く倫理でもある。年の近いきょうだい関係が多く登場するのも、「強い者は弱い者を助け守る／そして弱い者は強くなり／また自分より弱い者を守る」という継承を描きやすいからではないだろうか。

菅野仁『友だち幻想』（ちくまプリマー新書、２００８年）という本が近年ベストセラーになっているように、「ありのままの自分がまるごと受け容れられる友情」の虚構性は暴かれつつある。それでも本作に登場するきょうだいたちのように、互いをケアし合うことで培われた関係性は揺るがない。この結びつきは血縁に限らず、作中の疑似家族関係「継子《つぐこ》」などでも描かれる。

一方で底辺の鬼たちは、親のような「無償の愛」を求める者、才能の承認を求める者、兄の手を求める者など、一方的に他者にケアを求める者として描かれることが多い。今際《いまわ》の際に炭治郎の慈悲で妄執から解き放たれ、死んだ家族や恋人に抱きしめられる幻影を見ながら死ぬのも定番描写だ。ひたすら求める者であり続けたラスボス・鬼舞辻無惨《きぶつじむざん》の最終形態が巨大な「胎児」であることも象徴的だ。

「いい子」のヒーロー像の復活

敗戦後、「忠」はもはや正義としてのリアリティを持ちえなくなった。高度経済成長期以降は庶民の多くがサラリーマン家庭となり、父は仕事で忙殺され、ケアを全面的に担う母は大きくなった息子の世話を焼いて勉強に追い立てるようになった。不在の父も過干渉な母も、「孝」の対象にはなりにくい。

家の仕事を担わなくなった少年にとって最も重要な人間関係は家族よりも友だちで、「いい子」のイメージは管理的な大人に迎合して友だちを出し抜く「いけすかない奴」になる。「いい子」のヒーローが払底するのは致し方のないことだろう。

さりとて倫理の基盤がなく、努力によって強くなり他者を負かすことを正義とする能力主義的な物語は、「弱者が弱者であるのは努力が足りないせい」「弱者は何をされても仕方がない」という自己責任論につながりかねない。こうした価値観は、パワハラやセクハラの土壌にもなるだろう。

「炭治郎が好きな理由？　やさしくて努力家で心が清いからだけど？　仲間がサボる苦し

い鍛錬でもあとで仲間に教えるためにサボらないんだよ？　炭治郎の無意識領域でカウンセリングを受けたいくらいだよ」

そう子供に言い切られてしまっては、スカートめくりを小学生に流行《はや》らせた子供時代のヒーロー像にトラウマを抱える身としては、納得するほかない。『鬼滅の刃』は「ケア」という新しい倫理をひっさげて、我々大衆の心を燃やし、涙させる「いい子」のヒーロー像を復活させたのだ。

ケアの価値を見直す

胡蝶しのぶと映画『ビルド・ア・ガール』

『鬼滅の刃』のヒットは、子供たちの憧れのヒーロー像を一変させたのかもしれない。

1位　竈門炭治郎（鬼滅の刃）　618票
2位　お母さん　393票
3位　胡蝶しのぶ（鬼滅の刃）　315票
4位　先生　229票
5位　お父さん　171票

これはベネッセコーポレーションが2020年に小学3〜6年生を対象に実施した「小学生が選ぶ！2020年　憧れの人物ランキング」のトップ5である。当時の報道では、トップ10名中『鬼滅の刃』キャラクターが7名を占めていたことが強調されていた。それほどの人気コミックの主人公に次いで憧れられてしまう「お母さん」のコンテンツ力の高さに驚かされるが、それはさておき「お母さん」を除けば、憧れの女性第1位は胡蝶しのぶなのだ。

小さな女の子たちに胡蝶しのぶが大人気なのは、公園や近所の保育園を眺めていてもわかった。胡蝶しのぶの羽織柄が印刷された服や蝶の髪飾りを身につけた女の子たちを目にしたのは一度や二度ではない。2021年度入学の女児のランドセルカラーランキングで、それまで人気だった赤とピンクをさしおいて紫・薄紫が初めて1位になったのも、紫がメインカラーの胡蝶しのぶ人気によるところが大きいだろう。

「柱の中で唯一鬼の頸《くび》が斬れない剣士」である彼女は、鬼化しているときの禰豆子や筋肉の密度が常人の8倍という設定の甘露寺蜜璃《かんろじみつり》らに比べると、強さの面ではやや劣る。医学・薬学の知識に長けているという強みはあるが、それだけなら美貌の医師・珠世《たまよ》も負けていない。鬼滅の刃ファンの娘に聞くと、胡蝶しのぶの人気の理由は「長女属性」にあるという。しのぶには亡くなった姉がいるので実際には長女ではないのだが、要は「ケアをする者」ということなのだろう。

胡蝶しのぶは広い邸宅（蝶屋敷）を治療所として開放し、負傷した隊士の面倒を一手に見ている。看護師として働く少女剣士たちを妹のようにかわいがり、孤児の保護も行う。若手を育てる際も結果だけを見るのではなく、努力の過程を観察して褒めたたえ、それぞれの個性に合わせて奮起させる言葉を選び、悪いところは叱る。ケアをする女性といっても、裏方に徹するけなげな女子マネージャータイプではない。これほどの尽力の原動力となっているのは、敵への主体的な怒りである。捨て身で戦い、口調こそふんわりしているが、敵に対して「気色悪いので名前呼ばないでください」などとかなりはっきり物を言う。

そして前章で考察したとおり、主人公の竈門炭治郎も「長男属性」、すなわちケアをする者である。弟妹たちの面倒を見、鬼滅隊に入ってからは他の隊士のためにおいしいご飯を炊き（炭焼きの家の子なので火加減が絶妙）、落ち込んでいる人がいれば慰め、裏方スタッフにも感謝の言葉を欠かさない。『鬼滅の刃』キャラで学級委員を選出するなら、面倒見がよく、悪さをハキハキ叱る炭治郎と胡蝶しのぶがツートップとなるであろうことは想像にかたくない。今の子供が憧れるのはケアと強さを兼ね備えた人間だと考えると、鬼滅キャラ以外にランクインしたのが「お母さん」「先生」「お父さん」であるのも理解できる。現実に存在する「ケアをする者」といえば、確かにこの順番になるだろう。

ケアがダサかった昭和時代

私が少女時代を過ごした1980年代に同種のアンケートが取られていたら、と想像してみる。おそらくスポーツ選手や芸能人の名が挙がっただろうし、「お母さん」が上位に来ることはなさそうだ。特に「お母さんに憧れている」などと口にする男子小学生は、相当レアだろう。

前章で触れた『赤胴鈴之助』のように、日本全体が貧しく、子供も家の仕事をするのが当然だった時代においては、母は確かに尊敬の対象だったかもしれない。しかし母の専業主婦化が進んだ高度成長期以降の少年文化では、「お母さん」は疎ましい退屈な存在として描かれていたように思う。「教育ママ」「ママゴン」という流行語が生まれたのもこの時代だ。

少年たちに期待されることが家の仕事ではなく、「将来経済的な成功を収めるために勉強やスポーツの競争に打ち勝つこと」になれば、母の仕事は息子が競争に専心できるように身の回りの世話をし、管理することになる。ケア労働を知らずに育った世代の人間からすれば、学がなく社会的な成功も収めていないのに自分を勉強へと追い立て、ケアを一手に担う母は、蔑みと甘えの対象でしかなかったのかもしれない。家族と作業を分かち合わなければ、同じ競争を生きる仲間や競争の勝者への憧れのほうが、親を敬う気持ちよりも強くなるのは必然だ。

白状すれば、当時の価値観にどっぷり浸かっていた子供時代の自分も、「お母さん」はつまらない、ケア労働で一生を終えるなんてまっぴらだと感じていた。長女で兄弟の中で唯一の女である自分だけが幼稚園に上がる前から家事手伝いを任じられ、しばしば不出来をなじられていたことも、その一因ではある。昭和の庶民家庭に育った少女にとって、ケア労働とは「女であれば幼児であっても自然な本能でできるもの」とされ、できなければ容赦なく人格攻撃にさらされ、できたところで褒められもしない」あまりにやりがいのない営みだったのだ。

当時、女性に開かれていた数少ない職業がケア関連ばかりであったことも、逃げ場のなさを感じた。大人になったらケアに追われて大好きな読書ができなくなってしまうのが怖かった。

ケアのできる人＝かっこいい！　の時代へ

そんな風にケアへの苦手意識を植え付けられた私にとって、ケアが性別問わずかっこいいこととされている新世代の価値観はまぶしく映る。でも、ケアを婦徳から切り離してみれば、性別に関係なく、困っている人をさっさと助けられる人がかっこいいのは、実に当たり前のことだ。少なくとも、自分の世話さえままならず、困っている人を放置する人間よりはずっといい。

見下されていたケアの可能性にいち早く注目した医学書院「シリーズ　ケアをひらく」の編集者である白石正明氏は、困っている人に「すぐ手を出せる」看護師のすごさについて言語化したいというのが、同シリーズを始めた理由だとインタビューで語っている。

というのは、看護師さんって医療ヒエラルキー的には見下されやすいんですよね。たとえば、若い医師が看護師に向かって「もっと論理的にしゃべってよ」みたいなことを平気で言ったりする。それに非常にムカついていたっていうのが、初発の動機です。

（……）

でも、「すぐ手を出せる」ことのすごさって、あまり言語化されていなくて、それが悔しかった。考えてみれば、人間の人間たるゆえんはその社会性にあるわけですから、倒れている人がいたら手を出すって、社会的動物として極めてプリミティブかつ高貴な行為ですよね。僕自身は電車の中なんかで具合の悪そうな人がいても見て見ぬふりしがちなタイプなんで……だから余計、それを簡単にやってしまえる人って要するに人間としてずっと格が上なんじゃないかという思いが強いんです。

「ケアが語られる土壌を耕す　編集者・白石正明に聞く（聞き手・丸尾宗一郎）」『群像』２０２１年８月号

私は大好きな文化におぼれるあまり、ケアをあまりにもないがしろにしすぎたんじゃないか。そしてそう感じている人は、私だけではないのではないか。

映画『ビルド・ア・ガール』におけるケアの復権

青春コメディ映画『ビルド・ア・ガール』（2019年）も、カルチャーの世界で見下されていたケアの復権をめぐる物語のように感じられた。

『ビルド・ア・ガール』の舞台は90年代前半のイギリス。公営住宅に暮らす16歳の主人公のジョアンナは、予想外の双子の出産で鬱になった母を助け、幼い弟たちのケアも自然にこなす5人きょうだいの長女である。彼女の部屋にはブロンテ姉妹、『若草物語』のジョー、『サウンド・オブ・ミュージック』のマリア、シルヴィア・プラス、マルクス、フロイトといったクラシカルな文化人の写真がびっしりと貼られている。優しかった母の代わりに彼女の心のケアをしてくれるのは、ジョアンナの空想の中で語りかけてくれる彼らだ。お金がないからポップカルチャーに疎く、図書館で予約待ちをせずに済むから文学が好きという彼女の設定に親近感を感じてしまう。

性的関心が高まるお年頃になっても、彼女の文才や弱い者をケアする力は、同年代の男子に評価されることはない。弱者を笑いものにして自分の強者性を見せつけることを競い合うオラついた男子に支配される学校では、貧乏子だくさん家庭のジョアンナは、ただのイケてない女の子でしかないのだ。こんな場所を出て認められたい！（そして性交したい！）という爆発しそうな自意識を抱えた彼女は、ローリング・ストーンズすらろくに聴いたことがないのに、兄の勧めで音楽ライターを目指すことになる。ロック批評誌の編集部は完全なる男社会。当初は小バカにされるジョアンナだが、ド派手なファッションに身を包んだドリー・ワイルドという強キャラを装うことで、ライターの仕事を獲得していく。

慣れない特集の仕事をこなす過程で、ジョアンナはダブリンのロックスター、ジョン・カイトに出会う。初めての飛行機に舞い上がって空の上の世界を詩的に語り、重たい『ユリシーズ』をリュックにしのばせる無邪気な文学少女をジョンはなぜか気に入り、手を引いて一緒にステージに上げる。

ジョンの音楽に心を打たれたジョアンナは、なぜあなたの歌はあんなに悲しいのかと率直に尋ねた。母が病死したとき、自らの気持ちを押し殺して残された幼いきょうだいたちをケアしなければならなかった悲痛な思い出を語るジョン。ジョアンナも秘密を聞かれ、優しかった母が育児鬱になってしまったさみしさから文章を書いていると打ち明ける。まだ子供なのに母のケアを失い、ただケアをする者となった孤独を初めて他者と共感し合ったジョアンナは、完全に恋に落ちてしまう。

だが、彼女が書いたジョンの特集記事はボツになる。ジョンに心酔するジョアンナの文章は、いかにも少女的で、批評ではないとされてしまったのだ。数少ない本物以外の寄生虫にナパーム弾を投げつけて駆逐するのが自分たち音楽記者の仕事なのだと諭されたジョアンナは、毒舌ライターとなることで、男性と同等だと認めてもらおうと考えた。比喩の力を巧みに使ってさまざまなバンドをこき下ろす冷笑的な批評はたちまち物議をかもし、彼女は売れっ子になってゆく。

文章を評価されるために「ケアをする者」としての自分を封印したジョアンナは、家族で分担していた家事も「私の才能の無駄遣い」と言ってサボり出す。自分の稼ぎで養っているのだという傲慢さから、家族を馬鹿にし、ないがしろにするようになる。ケア労働を見くびり、他者を金銭的価値や有用性によって測るマッチョな価値観に染まっていくジョアンナ。しかし男性記者たちは彼女の話題性を利用しても、内心では自分たちの仲間だと認めていたわけではなかった。やがて大切な人たちを大きく傷つける事態を招いた彼女は、ようやく自分の間違いに気づく。ジョアンナは傷つけた人たち全員に謝罪し、批評誌から離れ、女性編集長のカルチャー誌に売り込みをかける。ケアと文学愛を両立する新しい自分を作り直すために。

実に身につまされる映画だった。ケアの世界からもっと面白い世界に出たい一心で東京の大学に進学し、90年代の冷笑的なカルチャーに染まろうとしても、女である自分は冷笑される存在にすぎないと幾度となく思い知らされた経験があるからだ。

小川公代『ケアの倫理とエンパワメント』(講談社、2021年)によれば、発達心理学者キャロル・ギリガンが提唱する「ケアの倫理」論の鍵概念は「思いやり」(care)と「責任」(responsibility)であるという。他者を傷つけないという責務をまっとうすることも、ケアの倫理の根幹にある。そのため、ケアの倫理では、親密な人間関係にみられる「没入」や「共感」が重視される。「ケアをする者」であったジョアンナは、まさに「没入」「共感」を文章の仕事に持ち込み、女性的だと笑われていたのだった。

ケアとは退屈な「お母さん(女、学級委員、オバサンetc…)」のする行為であるから、面白いことをしたいなら、ケアとは正反対のこと、つまり他者を冷笑し、差別し、傷つけなければならない。映画の舞台になったイギリスに限らず、同時代の日本の一部でもそのような文化が存在していたように思う。

冷笑からの卒業と「技術」としてのケアの獲得

仲間以外の他者を人間扱いしない冷笑文化は、多様な属性の人々がそれぞれに人格を持った人間としてフラットに発信する現代のＳＮＳにはなじまない。軽やかで不謹慎な面白発言をしたつもりが、センスが死んでいる無礼で不愉快な中年として煙たがられるなんて、想像するだに恐ろしい。センスが死んでいるのは仕方がないが、人間の尊厳はまだまだ保っていたいのである。冷笑文化が抜けきらない自分の価値観を分解して再構築する必要を、近年ひしひしと感じている。ビルド・ア・中年である。

ケアは面倒くさいし、できれば逃げたい。という気持ちも依然としてある。けれどもケアを放棄した人生は、どうしてもナパーム弾を投げ合うようなストレスフルなものになりがちだ。ケアを欠かさない暮らしのほうが、ケアの相互作用を受けやすく、精神も安定すると実感している。とはいえ、「女なら本能でケア労働をこなすべき」という婦徳や、「自分を犠牲にして他人をケアしなさい」という学校道徳には、引き続き抗っていきたいという気持ちは変わらない。

そこで次章では、従来の婦徳や学校道徳とケアの倫理がどう違うのかを見ていきたい。

学校道徳と「家庭の天使」から遠くはなれて

「ケアの倫理」という言葉を耳にしはじめた頃、なんとなくよさそうな概念だとは思いつつも、何が新しいのかはよくわかっていなかった。「思いやりが大切」「弱者にやさしくしましょう」程度のことなら、学校の道徳と変わらない。古臭い儒教にだって、「仁」（思いやりの心）だとか「惻隠《そくいん》の情」（あわれむ心）とかといった言葉はあるのだし。ケアの倫理のなんたるかがおぼろげながらわかってきたのは、ケアの倫理の原典とされる発達心理学者キャロル・ギリガンの著作『もうひとつの声で――心理学の理論とケアの倫理』（川本隆史、山辺恵理子、米典子訳、風光社、2022年）で、「ハインツのジレンマ」の話を読んでからだ。

ハインツのジレンマ——コミュニケーション頼みの女の子の回答は間違い？

「ハインツのジレンマ」とは、心理学者ローレンス・コールバーグが、道徳性の発達段階を分析するために子供たちに出した例題である。以下、かいつまんで紹介する。

一人の女性が重病で死にかかっており、命を救うには高額な薬を飲むしかない。ところが女性の夫ハインツは薬の価格の半額しか持ち合わせておらず、薬屋にも値下げを断られてしまう。ハインツは薬を盗むべきか否か？

この問いに、11歳の男の子は「盗むべき」と回答した。「お金よりも人間の生命のほうが尊いから。薬屋はあとでお金持ちからお金を手に入れることができるけど、妻は亡くしたら戻ってこない。法律違反だけど、法律のほうが間違っていることもある」というのがその理由だ。一方で、11歳の女の子は「盗むべきだとは思わない」と回答した。「盗む以外にも、お金を借りるとか、ローンを組むとか、いろいろな方法があると思う。夫が監獄に入ったら奥さんがまた病気になっちゃうかもしれない。そしたら薬は手に入れられないし、どうにもならないでしょ。みんなでよく話し合って、お金をつくるなにか別の方法をみつけるべき。妻の病状をもっと薬屋さんに伝えるとか、助けてくれそうなほかの人にアピールするとか」

コールバーグが正義の原則が理解できていると評価したのは、男の子のほうである。法律のもつ秩序維持機能を理解していながら、生命の尊重という普遍的かつ論理的な正義に基づいた回答をしたからだ。この回答に比べると、女の子の回答はコミュニケーションに依存した不確実なもので、道徳性や法律の概念について体系的に考えることができておらず、男の子よりも道徳の成熟度において一段階低いところあると評価された。

ほんとうに女の子の回答は劣っているのだろうか？　ギリガンは、コールバーグの評価に疑義をさしはさむ。彼女は未熟なのではなく、コールバーグの考える道徳概念の外側でジレンマをとらえているのではないか、とギリガンは問いかけた。女の子はジレンマの登場人物を権利の対立者ではなく、お互いに依存し合うネットワークのメンバーとみている。この女の子にとって、道徳の問題とは「生命＞財産」というように論理で一義的に解決するものではなく、ほころびたネットワークをケアで修復することで解決するものだ。したがって最適な解決策は、コミュニケーションを丁寧にとることで、そのつど導かれると考える。ギリガンは、正義の倫理からは不確実であるとして無視されてしまうこのような女の子の考え方に、「ケアの倫理」の中核となる見識を見出した。

道徳教材への違和感

このエピソードを読んで、真っ先に思い出したのが、小学生時代の我が子が受けた道徳の授業である。題材となった「手品師」のあらすじは、次のようなものだった。

貧しい手品師は、母親が働きに出て帰ってこないという母子家庭の少年に道ばたで手品を見せて喜ばせる。少年から明日も来てくれるかと問われ、必ず来ると答える手品師。しかしその夜、手品師のもとに友人から明日の大劇場での代打を急遽お願いしたいという電話がかかってくる。出世する千載一遇のチャンス。さあ、手品師は大舞台と少年との約束、どちらを選ぶべきか?

「手品師」の授業を受けた日、長女は納得いかないと不満を爆発させた。

「子供との約束をとるか自分の出世を取るかって、そんな極端な二択でなくていいと思うんだよ。だから事情を説明する置き手紙を置いて子供をサーカスに招待するって答えた。そしたら先生に両方救うことはできないって言われた！　なんで？　どっちも救えるのに。明日のパンにも困ってる状況なんでしょ。親友が主人公のことを思ってチャンスくれてるんでしょ。だったら出ろよ〜手品師〜！　長期的な目で見れば大舞台を選ぶべきだよ。孤独死したら男の子悲しむよ」

先生が「両方を救っちゃダメ」と言わざるをえないのはわかる。「手品師」はそもそも、文科省が定めた道徳の内容項目のうちのひとつ「正直、誠実」を教えるための題材だからだ。いくら議論させようが、先生が内心どう思っていようが、正解は「少年との約束を選ぶ」一択だ。先生は子供たちの答えを、国が考える唯一の正解に誘導するよりほかない。

学校道徳がいついかなるときも自分よりも他者や共同体を優先すべしというルールに貫かれた「正義の倫理」なら、長女の答えはギリガンのいう「ケアの倫理」そのものである。さみしい少年のケアは必要だが、飢えている手品師自身のケアだって必要だし、手品師のことを思いやる友人の気持ちをないがしろにしていいはずもない。手品師が孤独死したら少年が悲しむだろうという推論は、「夫が監獄に入ったら奥さんがまた病気になっちゃうかもしれない」という、人間関係が相互に依存し合うことを前提とした11歳の女の子の回答を思わせる。

少年が明日にも死ぬという重病なら、あるいは似たようなチャンスがいくらでも回ってくるのであれば（あるいは友人に代打をほかに頼める当てがあるのなら）、約束を優先させたほうがいいかもしれない。でも少年だって、手品師の人生を犠牲にしてまで手品を見たいと思っているのかどうか。もしかしたら、「仕事があるなら児童館で『コロコロコミック』読むから別にいいっすよ」レベルの期待なのかもしれない。手品師がどうふるまうべきなのかは、コミュニケーションを取ってそれぞれの状況と感情を把握しなければわからない。

学校の道徳≠ケアの倫理

学校の「道徳」の前身にあたるものは、戦前の「修身」である。明治10年代の「改正教育令」以来、儒教道徳の中心原理である忠・孝を教える「修身」が教科の最上位におかれ、子供たちを支配してきた。人間を序列化し、下とされた者は常に上に従順であることを求める修身教育は軍国主義を招いたとされ、戦後ＧＨＱによって廃止される。だが、儒教道徳は今に至るまで学校教育の中に生き続けている。教科としての道徳にかぎらない。現在でもしばしば問題視される理不尽な校則は、おしゃれをしたい、気候に合った快適な服装をしたいといった子供の自然な欲望を制限することが秩序維持につながると考える儒教的思想のあらわれといえる。

個人の欲望や感情をケアせず、一方的なルール、禁止、義務で縛ろうとする学校道徳への反動で、欲望のままに他者を踏みにじるのが人間本来の自然なあり方だと考える人も少なくない。ハラスメントや差別発言をした中年以上の人間が、それをとがめた人間を「風紀委員」「学級委員」「ＰＴＡのおばさん」といった学校由来の言葉で揶揄するのを幾度か目にしたことがある。下の世代からは「老害」に見えるハラスメント的行動も、本人としては「わんぱくな少年」である自分の自由を抑圧する学校的なものへの反抗を意識した行動なのかもしれない。

元従業員らからパワーハラスメントで提訴された60代社長が、ハラスメント対策を口にする人を「モラル憲兵」と呼ぶメールを周辺関係者に送っていたことを報じる記事を読んだときも、「道徳」への反発心がハラスメントにつながったのではないかと感じられた。下は上に常に従属すべきであるという儒教道徳が抜けきらないまま自由にふるまおうとすると、それはハラスメントになってしまう。子供の欲望をケアしない学校道徳にも、女や目下の人間を欲望のはけ口にすることが反体制的でかっこいい行動だと信じる中高年にも、ケアの倫理は不在だ。

常に自らの欲求よりも他者・社会・国家を優先することが正解とされる学校道徳と異なり、ケアの倫理においては自分も含めた個々の感情や欲求もケアの対象となる。勤労、正直、愛国心など過度に一般化されたルールや義務を刷り込む道徳の授業に納得していない人にも、ケアの倫理は開かれた概念になるのではないだろうか。

「家庭の天使」から遠く離れて

ケアの復権について考える際に注意しなければならないのが、**「無償で家事・育児・介護・地域奉仕を担う女性はすばらしい。だから女は賃金や学問なんか求めないで、おとなしくケア労働をしていなさいね」**という従来の婦徳に回収されかねない点である。

婦徳がなんなのかを端的にあらわしているのが、イギリスの女性作家ヴァージニア・ウルフが提示する「家庭の天使」という概念だ。彼女は1931年に行った講演「女性にとっての職業」の中で、ヴィクトリア朝期の女性の理想像を「家庭の天使」と呼んだ。家庭の天使とは、無欲で自らの考えを持たず、自己を犠牲にして常に他人の考えや要望を察して動くようにしつけられた、いわば家庭内ケアラーとして最適化された女性像である。ウルフが評論を書こうとすると、脳内「家庭の天使」が忍び寄って、こうささやくのだという。

「ねえ、あなたは若い女性でしょう。あなたは男性が執筆した本について書いているところなのね。それなら、男性に賛同して、優しくしてあげなさいな。おだてて、だましてて、ありとあらゆる女のテクを使うの。あなたに自分の考えがあることを、誰にも悟られないようにね。何よりも、無垢でいなさい」

ヴァージニア・ウルフ「女性にとっての職業」、アンナ・ラッセル『だから私はここにいる
――世界を変えた女性たちのスピーチ』筆者訳、フィルムアート社、2022年 ※訳は一部改変

そんなんで仕事になるわけがない。ウルフは脳内天使にとびかかり、首を絞めて黙らせる。家庭の天使と評論の両立は難しそうだ。

この「家庭の天使」は、現代日本で「女のさしすせそ」とよばれるものに近いかもしれない。「女のさしすせそ」とは、「(さ) さすが」「(し) 知らなかった」「(す) すごい」「(せ) センスよい」「(そ) そうなんだ」という男性を喜ばせるためのフレーズの頭文字をつなげたものだ。この「モテテク」が女児向け書籍に掲載されたことで、「『ケア労働』を女性から受け取ることを期待する男性中心的な社会」[*1]の処世術を子供にまで仕込むなんて、と話題になったのは記憶に新しい。

「家庭の天使」にしろ、「女のさしすせそ」にしろ、それを奉じる女性は本当に無欲なわけではない。モテたいから、あるいはケアする女性像から逸脱することで攻撃されるのが怖いから、そのようにふるまっている場合がほとんどだろう。相手が本当にそれを求めているかどうかは二の次だ。「おだてて、だまして、ありとあらゆる女のテクを使う」女性

＊1 吉良智子「〈炎上考〉モテるために女の子は自分を下げるの？無意識の偏見を子どもに植え付ける「女のさしすせそ」」東京新聞 TOKYO Web. 2021年6月10日

を好きな男性はもちろんいるだろうが、「知らなかった」と無知のふりをして持ち上げる見え見えの媚びに鼻白む男性も当然いるはずである。少なくともヴァージニア・ウルフの編集者は喜びそうもない。作家に依頼した原稿が「さすが」「知らなかった」「すごい」「センスいい」「そうなんだ」で終始していたら、「評論でモテようとすな！」と破り捨てたくなるだろう。

学校の道徳や婦徳とケアの倫理をわかつもの、といえば、それは他者とのていねいなコミュニケーションということになるのだろう。ぼんやり人間としては、これまた苦手な分野である。

ケアの倫理から学ぶおせち対策

小学校の道徳教科書ではしばしば、文科省が定める道徳の内容項目「伝統と文化の尊重、国や郷土を愛する態度」を教えるための教材として、お正月のおせち料理が取り上げられる。「家庭の天使」こと道徳的に正しい母親は、日本の伝統を尊重し、我が子の愛国心をバリバリにブーストするためにも、日本人の願いが込められたおせちを夜なべして作ることが求められているようだ。

かつては私も、実家から譲り受けた三段の重箱がぱんぱんになるくらい大量のおせちを作っていた。しかし最初に作った煮しめは、誰にも食べられないまま冷蔵庫で糸をひくことになった。根菜の煮物は家族の誰も好きではなかったのだから、当然の結果だったのかもしれない。ごまめなどの塩辛い系のおせちもことごとく売れ残った。それなら、と松風焼きなどの目先の変わった肉料理のレシピを探して挑戦してみた。結果、すべて一人で食べた。重箱から好きなものだけ食べても怒られないお正月チャンスタイムに、正体不明の実がちりばめられた謎の食べ物に挑戦してみようという子供はいないのである。

もしかしたら、私の料理が拙《つたな》いせいかもしれない。私が忙しくなったこともあり、ある年から冷凍おせちを夫が買うようになった。それでも子供たちはあまり手をつけない。

そもそも、なぜ私はかたくなにおせちとお雑煮を用意しようとしているのか。日本の伝統を守るため？　我が子の愛国心をブーストするため？　いやいや、単にお正月はいつもと違う食べ物でテンションを上げたいだけである。お雑煮なんていつだって食べられるはずなのに、あえて三が日に限定することでスペシャル感を出したいというストイックなお雑煮への思いが、私をかきたてる。おせちは、お雑煮を引き立てるアゲ感があればいい。そう、重要なのは家族全員のアゲ感である。

ケアの倫理の観点からいえば、ジレンマはコミュニケーションを活性化することで解決するはずだ。そこで子供たちにおせちについて詳しく聞いてみると、「かまぼこと黒豆だけでいい」「おもちのお雑煮があればいい」「そもそも冷えた料理があまり好きではない」。夫も「かずのことか昆布巻とか、いる?」

そういえば子供時代の私も、かまぼこと黒豆とお雑煮しか好きではなかった。それなら、家族が食べたいものだけ用意すればいいのではないか。何より忘れてはならないのが、そんなにおせちをがんばりたくない、思う存分怠けたい、という私自身のケアである。

そういうわけで、今年のお正月料理はかまぼこと黒豆をぎっしり詰めた大雑把な重箱一段にお雑煮だけで済ませた。親がのんびりしつつ子供たちが好きなときに温かい料理を食べられるよう、大量に冷凍食品を用意して。お正月のうかれ感と家族全員の要望をともに尊重する、ケアのおせちの爆誕である。何も残されることなく、アゲとケアを両立したすがすがしいお正月を迎えることができた。個よりも日本の伝統を優先する学校道徳にとらわれていたら、子孫繁栄を願うかずのこが残って、卵を奪ったニシンに申し訳ない気持ちになっていたかもしれない。そもそも「昆布巻き」↓「こんぶ」↓「よろこんぶ」↓「喜ぶ」はダジャレとして無理がありすぎる。ＳＤＧｓの観点からも、ギャグの完成度という観点からも、伝統を最優先するというルールは疑問視せざるをえない。コミュニケーションは相変わらず面倒くさいけれど、引き続きケアの倫理を追求していこうと思う。

「ケア」と「面白」は和解せよ

90年代的冷笑と現代の「ケアする」ツッコミ

第一子の出産で里帰り中、母と一緒に犬の散歩をしていると、見知らぬ中高年女性グループに呼び止められた。仕事から配偶者のことまで、根掘り葉掘り聞かれる。弟の同級生の母親たちだったらしい。

「その完全なる他人が、なぜ私に興味を?」

母は、今まで知らなかったのか、というふうにあきれた様子で答えた。

「そりゃあ、あんたは変わり者で有名だったから……」

変わり者。思いのほかショックを受ける。いったい私がなにをしたというのだろう。記憶をせっせと掘り起こしていると、ふいに中学時代の思い出がよみがえってきた。

TMネットワーク。

東京で開催されるTMネットワークのコンサートに行きたい。その一心で親と一週間にわたって激論を交わした結果、東京の親戚の団地に宿泊するという条件でどうにか許されたことがあった。東京行きの荷物を抱えて早朝の人気の少ない商店街を歩いていると、知らないおばさんたちが私のほうを見てひそひそ話をしているのがはっきり聞こえた。

「まじめな子だったのにねえ、ついにワルくなっちゃって」

解せなさが中学生の頭を駆け巡った。TMネットワークは代表曲「Get Wild」の歌詞にもあるように、「チープなスリルに身をまかせても明日におびえる」くらいまじめな人たちなのである。そもそも、中学生が東京のコンサートに行くレベルの話が、ご町内に広まっているってどういうことなの。

せつない出来事を思い返して、妊婦だった私が改めて感じたのは、「おばさん」の娯楽の少なさだ。ケア労働に追われるあまり、私というくら噛んでも味がしなさそうなつまらない一般人のゴシップを追い求めるほど娯楽に飢えてしまうなんて、あまりに気の毒すぎる。世の中にはもっと面白い人がいる、もっと面白いことがあるはずなのに。

ケア労働に閉じ込められる恐怖

自分が地元から逃げ、結婚や出産からも逃げ続けて都会の独身ＯＬをやってきた理由も、これだったのだと改めて思った。ケア労働に閉じ込められて、面白いことから引きはがされてしまうのが怖かったのだ。コンサートにも行けず、ご近所のうわさ話がわずかな娯楽だなんて、絶対に自分には無理だと思っていた。

それから子供を産み、本格的におばさん稼業に足を突っ込んではや十数年。当初は授乳タイムを読書にあて、文化にへばりつこうと必死だった。寝不足とホルモンの激動でぼんやりが加速していたが、それでもなぜか読める進化心理学の本にはまった記憶がある。人間を動物として扱う進化心理学の話は、「人間、この複雑なるもの……」と頭を抱えたくなる文学とちがってシンプルで、授乳中のぼんやり頭でも理解しやすかったからだと思う。

進化心理学は、うわさ話はヒトの社会集団が拡大してできなくなった毛づくろいの代わりだということを教えてくれた。私の個人情報を探りたがるおばちゃんたちは、正しく遺伝子の乗り物をしていたのだ。遺伝子サイドからすれば、集団構成員の情報に疎い私は、さぞかし乗りづらかったことだろう。セグウェイなのかな？　と遺伝子は思ったかもしれない。というわけで、遺伝子のセグウェイこと私は、相変わらずご近所のうわさ話は苦手である。巻き込まれそうになったら、「ごめんなさい、私、人の顔を覚えるのが苦手で、誰のことだか……」と、ぼんやり作戦で逃げ切ってきた。作戦というか、本当に覚えていないのだけど。

ただ、あれほど離れたくないと思っていた面白いことのいくつかが、遠くなってしまったように感じるのも事実である。

冷笑と嘲笑のツッコミ

れ

ママ

ここに
カンガルーがいるよ

これは作家の北村薫のエッセイ『詩歌の待ち伏せ（上）』（文藝春秋、2002年）で紹介されていた、3歳の子供の詩である。もともとは読売新聞「こどもの詩」に投稿されたものだ。

北村薫はこの詩を新聞本紙ではなく、読者投稿本『VOW4《バウフォー》』への転載で目にしたと語る。「VOW」シリーズは、街の変なものを読者が投稿し、それに担当者がツッコミをいれる90年代の人気雑誌の一コーナーから生まれた書籍だ。誰もが面白いものを投稿し、ツッコミを入れられるようになったSNS時代には成立しづらいたぐいの書籍だが、ネット以前の世界では確かに人気があった。私も楽しく読んでいた記憶がある。

それなのに一読、いたたまれない感覚を覚えた。いたたまれなかったのはもちろん詩そのものではなく、VOWコーナー担当者のツッコミである。「タ、タイトルが『れ』。凄いな。れ。しかもただの子供のたわごとだしなあ」。おそらく子供の詩を「変なモノ」として投稿した人も、コーナー担当者も、カンガルーを見た幼児が「れ」というたわごとを口走ったと勘違いしたのだろう。

このツッコミを、北村薫は「恐ろしい」と評する。私も思った。この詩の意味がわからないなんて恐ろしい。なぜならどう見ても、「れ」を文字として認識していない幼児が、形からカンガルーを連想して、母親に報告した（母親がそれを書き留めて投稿した）という詩ではないか。

とはいえ、90年代の私が同じ詩を読んでいたらどう思っただろう。ろくに乳幼児をケアしたことがなく、その世界観を知らなかった私は、子供の詩にとんちんかんなツッコミを入れて笑う側にいたかもしれない。それが想像できたから、いたたまれなかったのだ。

若かった私は、「ＶＯＷ」に載るような変なものが好きだった。いや、今も好きだが、当時は異常な情熱で変なものを追いかけていた。サークル仲間との旅行先に、ディズニーランドでも海でもなく、珍スポットとして当時有名だった「神秘珍々ニコニコアハハ園」を選んだこともあるくらいだ。神秘珍々ニコニコアハハ園でエキセントリックな園長の海軍よもやま話を聞くのは、スーツを着た社会人から就活テクニックを聞かされるよりよほど楽しかった。

世の中には「昼休みは友だちとボール遊びをしないといけない」とか「高校生になった

ら誰かに恋愛感情を持ち、それを友だちに打ち明けて親密さを示さなくてはいけない」とか「会社で働く女はファンデーションとストッキングで毛穴のない人間のふりをしないといけない」とかいったルールがいっぱいあって、ルールブックもないのに少しでも間違えたら「普通」ではない「変わり者」として排除されてしまうんじゃないかという漠然とした恐怖があったせいだと思う。変なものを見ると、世の中は意外になんでもありなのかもしれない、という気分になれた。

変なものを見てツッコミをいれれば、自分は「まとも」の側にいられる。でもそれは、嘲笑と紙一重である。

北村薫は、子供の詩に対するツッコミを「口の端を吊り上げてするような嘲笑」と嫌悪感をあらわにする。今の私も、この嫌悪感に同調せざるをえない。これは子供がかわいそう、という同情心だけではない。世界を言語で分節する以前の乳幼児の世界の捉え方を観察するほうが、それをただ劣ったものとしてバカにするよりも面白いという感覚が、今の私にはあるからだ。

北村薫によれば、嘲笑には「自己防御の快感」があるのだという。ああ、そうだ、と当時の感覚を思い出す。あの、強迫的に他者を冷笑しようとする90年代の若者文化は、確かに自分の身を守るものだった。

女は家庭でケアをするもの、男は社会で競争するもの、と世界が二分されていた時代。ケアの世界では、「普通」でないと生きにくい。それなら、と逃げ込んだ先は、知識量や読んだ本の冊数、レコードの数等々で競いあう文化系の社会だった。家事どころか身の回りの世話さえ母親任せにして趣味にかまけてきたような人間ほど、優位に立ちやすい社会でもある。いきおいそこでは、ケア要素のない殺伐としたやりとりが中心になる。ダサい、趣味が悪い、教養が無いと思われるのは、すなわち攻撃にさらされることだった。でも、センスの良しあしや教養に客観的な指標はない。ふんわりとした指標が共有されているとはいえ、それは時代や空気によって移ろいやすいものでもある。センスや教養を競争の道具にしてしまえば、いつだってダサい、バカだと笑われる危険と隣り合わせだ。

だが、ここにはいない他者をみんなで笑えば、ひとときの連帯が得られる。冷笑しているときだけは、自分を守ることができるのだ。そういう意味では、おばさんのうわさ話と似たような、社会的毛づくろいの一種だともいえる。

「変わってるつもりかもしれないけど、普通なんだよなあ!」と、なぜか勝ち誇ったように若い女性をバカにする男性に、90年代は何度もお目にかかってきた。普通でいるのはとても難しいことだし、ありがたいことでもあるのに(何しろ町のうわさにならなくて済む)、なんでバカにするのだろう? と当時は不思議だった。ケアの世界に生きるおばさんたちは、ケアの世界になじめない「変わり者」をうわさのタネにするけれど、普通の女性をバカにしたがる男性たちは自分たちのケアを担わず同等になろうとする女に「普通」というレッテルを貼ることで、ケアの世界に追い返そうとしていたのかもしれない。

恐いのは、笑ってしまうと、そこで人と繋がらなくなってしまうことです。ミスをした選手の姿を見て、滑稽だと腹を抱えた時、同時に彼の胸中を思う人はまれでしょう。嘲笑とは見下すことであり、それ故に自己防御の快感がありますす。しかし、同時に他を拒否することにもなる。高みに立って、笑ってやろうと身構えてしまえば、人の心は見えなくなります。

『詩歌の待ち伏せ(上)』69-70頁

北村薫がここで言うのは、冷笑文化におけるケアのなさである。そして「高みに立って、笑ってやろうと身構えてしま」う心のクセ、私にも覚えがある。冷笑されまいと、私も必死だったのだろう。

北村薫はさらに、当時の文化全般についても警鐘を鳴らす。

世の中は、非常に便利になり、楽が出来るようになりました。一方で消えたものもあります。《貧しくとも健気に生きて行く、子供漫画の主人公》などというのもその口でしょう。彼は、金持ちのお坊ちゃんに、いじめられます。家計を助けるため牛乳配達をすると、その牛乳をお坊ちゃんに取られてしまったりする。罵られても、ひたすら耐える。勝つための手段は、ただ誠意です。こういう、平凡な日常の中を生きる、地味で真面目な主人公は、今の少年週刊誌のヒーローにはなりにくい。逆に笑いの対象になってしまうでしょう。

『詩歌の待ち伏せ（上）』69頁

ここで現代の私は立ち止まり、当時の北村薫に《貧しくとも健気に生きて行く、子供漫画の主人公》、はちゃめちゃに人気が復活してますよ、と教えてあげたくなる。『鬼滅の刃』っていうマンガの、竈門炭治郎っていうんですけれども。

1949年生まれの著者は、「家計を助ける」少年がヒーローとして現役だった高度成長期以前に少年時代を過ごしている。それもあって、「非常に便利になり、楽が出来るよう」になった時代に一方的に母親のケアを享受し、自らがケアすることを知らずに育った者たちが作る文化に違和感があったのではないかと思う。『鬼滅の刃』は平凡な日常とはいいがたいし、勝つための手段は誠意ではなくて毒で弱らせた鬼の首を斬ることだが、明らかに90年代の冷笑文化とは一線を画している。何しろ主人公は、圧倒的な他者であるはずの鬼の胸中を思い、その心をみようとするのだから。そして家族を殺される前の主人公は、「家計を助ける」少年だった。

「嘲笑のツッコミ」から「ケアするツッコミ」へ

北村薫は「昔の芸人の多くは、自分が笑われて」いたが、「いつの頃からか、誰かを嘲笑う芸が増えて来ました」と記す。このあたりも、現代のお笑い事情は少し変わってきているように思う。

たとえば、漫才日本一を決めるテレビ番組『M-1グランプリ』で「50歳おバカの大冒険」

というキャッチコピーとともに登場し、2021年のチャンピオンになった錦鯉の漫才は、「誰かを嘲笑う芸」とは異なるものだった。

錦鯉が最終決戦で披露した「街中に逃げた猿をつかまえたい」というネタでは、バナナで猿をおびきよせようとして、「あれ？　バナナがある！」と自分が罠にひっかかるというボケを3回繰り返す。嘲笑ではないが、バナナで滑って転ぶ昔ながらの笑われ芸でもない。むしろ人類の進化を猿以前まで逆走する狂気で笑いをとっていくスタイルだ。もちろん、ツッコミは絶えず入り続ける。でも一番大きな笑い（と拍手）が起きたのは、興奮して暴走しかけるボケ担当をツッコミ担当が老人介護の要領で抱きかかえ、横たわらせるくだりだった。逸脱者を「まとも」の側から否定する通常のツッコミではない。それはあたかも、荒ぶる大自然をケアによって抱きとめ、鎮めるようなツッコミだった。

このような現代のお笑い事情を「誰も傷つけない笑い」と評する人もいる。最高に面白いお笑いを見て、面白くない自分に傷つく人もいるだろうから、「誰も傷つけない」のは実際には不可能だ。心に闇を抱えた芸人がうまくやっている人々を腐す「腐り芸」も人気だから、悪口がウケなくなったわけでもない。だが少なくとも、権力関係に基づいて弱い立場の人間をいじめて嘲笑うパワハラ的な人の活躍の場は、年々小さくなっているように見える。

ずいぶん前のバラエティ番組で、当時司会者として活躍していた中高年の男性芸人が若い女性芸人の容姿を執拗に攻撃しているのを目にしたことがある。ただ容姿をブサイクだと言い募るだけで、ひねった形容などの笑える要素はどこにもない。リアクションしづらい罵倒を一方的に浴びている女性芸人は、今にも泣き出しそう。明らかに異様な雰囲気だった。やがてその女性芸人はコンビを解散し、テレビでは見なくなった。男性司会者も、いつの間にか芸能界を引退していた。その後、彼が舞台裏で男性若手芸人やスタッフにもひどいパワハラをしていたことが報じられた。

冷笑文化で才能を発揮できるのは、ケアをしない人々だ。若くて権力を持たないうちは、人を人とも思わない不遜さがかっこよく見えることもあるだろう。だがそんな彼らが加齢で権力を握れば、苦しむ人々が増える。現代において社会を牛耳っているのは、まさにケアすることを知らずに育った層である。そんな社会の事情も、嘲笑・いじめ的ではないお笑いや、ケア要素のあるカルチャーが若者たちの人気を集める原因のひとつとなっているのかもしれない。ケア責任を背負わされた女たちが「普通」から逸脱しないようにうわさ話で相互監視する世界も息苦しいものがあるが、「普通」からの逸脱を目指してケアを放棄する面白ワールドも息苦しい。息苦しいのは、同質性が強く、どちらも他者にひらかれていないからだ。北村薫のエッセイは、そんな文化が時代のあだ花にすぎなかったことを教えてくれる。「ケア」と「面白」は分けてはいけなかったのだ。

われわれおばちゃんに面白を楽しむ自由を。面白大好き人間にケアのともしびを。社会的毛づくろいだとか、マウンティングだとか、私たちは猿であることからは逃げられないのかもしれないが、どうにか隙間道を見つけて面白とケアのいいとこどりをしたいものである。セグウェイに乗って、のろのろ運転で。

学生運動の挫折と冷笑主義
母校の高校紛争体験記を読む

「物事を斜めに見て笑うのがカッコいい」という冷笑的な価値観が80年代以降はびこったのは、60〜70年代の学生運動が挫折したことへの反動である、という話を上の世代の人たちからよく聞く。私は学生運動の時代をリアルタイムで体験していない。けれども、学生運動が失敗のみで語られることには違和感があった。成功した学生運動だってあるのに、と思っていたからだ。大学じゃなくて、高校の話だけど。

1989年に入学した県立高校には、校則が一切なかった。管理教育全盛期の公立中学で、壁新聞で管理教育を批判していた私に、担任教師が「お前にぴったりの学校がある」

と受験を勧めてきた学校だった。入ってみれば、確かに校則どころか生徒手帳もない。公立中学では日常茶飯事だったいじめを目にすることもなく、部活をサボっても怒られない。生徒と教師はマンガの貸し借りをするほど距離が近く、校則違反や部活のミスプレーひとつで教師の殴る蹴るが当たり前の公立中学とは別世界だった。

暴力におびえなくて済む環境はありがたかったが、良妻賢母教育が売りの女子高に進んだ友人から、三つ編みの強制、休日も制服着用といった厳しい校則への愚痴を聞かされると、重苦しい気持ちにもなった。偏差値の違いで、人権が制限されるなんてことがあっていいのだろうか。私の母校はもともと旧制中学で、男子だけが通える学校だったと聞いている。私が享受している自由は、エリート男子の特権のおこぼれにすぎないのではないか。それは、私が本当に欲していた自由なのだろうか。

自由な学校で級友たちがのびのびと青春を謳歌していたおかげで、一人で本を読みふけっていても放っておいてもらえたのは幸いだったかもしれない。学校の図書室に入り浸っていた私は、ふと学校の歴史をまとめた出版物を手に取った。そこには１９７０年前後、学生運動の時代に生徒たちが紛争を起こし、生徒手帳と校則が撤廃されたというようなことが記されていた。この自由はエリートの特権ではなく、戦って得たものだったのか。戦ってくれてありがとう、と20個上の先輩たちに感謝しつつ、うらやましいなとも思った。自分も中学時代、一人じゃなくてたくさんの生徒と一緒に反対運動をやって校則撤廃ができていたら、こんな無力感とは無縁でいられただろう。でも、自分の同世代が社会や体制に逆らって運動をする姿は想像がつかなかった。

大切なのはあくまでも友だちや仲間で、結束を強めるために外側にいる他者を笑いものにする。権力に逆らっても無駄だから、斜めに見て笑いとばす。身内で面白いことで盛り上がればそれでいい。社会問題を考えるのは、自分の人生が充実していないのを社会のせいにしているやつだけ。自分はずっとこの空気感の中を生きてきたように思うし、自分自身もある程度内面化していることは否めない。でもこうやって文字にしてみると、民主主義国家の民としてはどうにも心もとない。自分の国がどこかに宣戦布告しても、SNSは戦争大喜利と反戦デモへの嘲笑、「決まった以上は批判は控えて国民一丸となって勝利しないと」というポジティブ翼賛思想、戦時下いきいきライフハックであふれそうだ。自分の価値観を相対化するためにも、反動のもとになった「大真面目な反体制がかっこよかった時代」の学生運動の実態を、改めて知りたくなった。

検索してみると、2015年に母校の高校紛争のリーダーが自伝的小説を自費出版していることを知った。菊地亮二『本牧ベイサイド・ハイスクール――１９７０年、僕たちはゲバ棒を持たなかった』（ココデ出版、２０１５年）。エモエモ青春ストーリーが期待できそうなタイトルに惹かれ、取り寄せてみることにした。

ゲバ棒を持たなかった高校紛争の記録

なぜ紛争から45年も経って、体験記が世に出たのか。きっかけは、生徒に立ち向かってゲバ棒で負傷したという教師の武勇伝が載せられた校史を高校紛争のメンバーたちが目にしたことにあるらしい。ゲバ棒なんか使ってないのに、と憤慨した一人が、著者に当時の体験を書くよう促した。だから「僕たちはゲバ棒を持たなかった」なのか。学生運動が嫌われる原因のひとつに暴力があるが、少なくとも母校の紛争は非暴力的だったようでほっとする。

予想外だったのは、校則に関する記述がほぼなかったこと。主人公たちとは別に、１９６８年に生徒会が男子生徒の制帽廃止のお願い書を学校に提出し、無帽が黙認されたという話がちらりと出てくるが、主人公たちは無関心だ。だいたい主人公たちは一年次から授業をサボってシンナーを吸ったりしていて、校則に縛られているようすは見えない。校則自体はあったのだろうが、生徒の髪の毛やスカートの長さを監視し、1センチでも違反すれば暴力がふるわれるような80年代的管理教育ではなかったようだ。

ということは、そもそも母校の紛争は、校則撤廃を求めたものではなかったのだ。それなら、彼らが運動に駆り立てられた理由はなんなのか。

主人公の木村はもともと文武両道の優等生で、中学時代は規律委員長に選ばれて生徒に校則遵守を呼びかける立場だった。文学を愛する彼は、そんな自分がいたたまれなくなり、高校でキャラ変を試みる。

高校に進学すると優等生、つまり世の中が認めている価値観に身を寄せ、自分だけトクしようとする手合いが少なくなかった。自分の同類は臭いでわかるのだ。一応進学校ということになっていたからそういう連中が多いのも当然か。自分を変えたくて、自由奔放な人物たちに惹かれていった。そういうわけでぼくは大野、山下、竹中たちと親しくなった。

『本牧ベイサイド・ハイスクール――1970年、僕たちはゲバ棒を持たなかった』62頁

民主主義を教えながら受験戦争で他者を蹴落とすよう煽る高校に矛盾を感じ、勉強に励む自分を後ろめたく思う進学校の生徒は当時珍しくなかった。木村は社会科学研究部（社研）に入部し、キャラの濃い先輩女子〝ゲバルト吉野〟らに誘われるがままにベトナム反戦デモに参加するようになる。

「全く馬鹿ね、あんた。でも面白いから許してあげるわ。その代わり今日学校が終わったら有隣堂まで付き合ってくれる？」
「ゲバルト吉野の行く手にはどこだってついて行くさ。（……）」

『本牧ベイサイド・ハイスクール――1970年、僕たちはゲバ棒を持たなかった』82頁

高校紛争とガールズパワー

木村たちは反戦集会で知り合ったマラルメ好きの美人研究生の家で辻潤やランボーについて語らったり、反戦カンパの最中に管理的な学校に不満を抱えるお嬢様女子校の二人組に声をかけられてどちらとつきあうか迫られたり、刺激的な出会いを重ねていく。現代からは想像もつかないが、反戦活動は後年のクラブやライブハウスのような文化的な若者たちの出会いの場だったようだ。

ベトナム戦争に協力して豊かさを享受し、自分たちを受験戦争に追い立てる大人への反発は、高校生を反戦に駆り立てた。小林哲夫『高校紛争1969-1970「闘争」の歴史と証言』(中公新書、2012年)によれば、高校生による反戦組織のひとつ反戦高校生協議会(反戦高協)のデモは、かっこよさから高校生に大人気だったとある。実質的なリーダーが女子生徒であったことも、人気の要因のひとつだったという。男女が対等に議論できる場は、当時は相当珍しかったはずだ。

女子リーダーは一人だけではなかったようだ。全高連のリーダーだった名門都立高校の女子生徒は、ベトナム戦争への問題意識に加え、男尊女卑の壁に突き当たったのが活動家になった理由だと、当時の雑誌に寄稿した手記で語る。

つまり、男は優秀、女は劣等、と初めから烙印を押されているのです。突きつめて考えれば、男だけが社会で働き、女は子どもを生む道具にされてしまう、という未来図までが目の前にはっきり浮かんでくるではありませんか。これではいけない、なんとかしなければ、と悩んだすえ、私は高校生運動にうち込む決心をしたのです。

「私は〝闘う全高連〟の少女リーダー」『現代』1969年1月号*1

女はいくら勉強をがんばっても「生む道具」にされてしまう家父長制に絶望した才媛たちが運動を牽引し、エリートコースに乗ることに疑問を抱きはじめた男子たちも運動にのめりこんでいく……という当時の光景が想像できる。

バリケードの中で女子におにぎりを作らせたことから、俗に「おにぎり左翼」と呼ばれることもある大学の学生運動と違い、高校生の運動でガールズパワーが炸裂したのは、進

*1 小熊英二『1968〈下〉若者たちの叛乱とその背景』(新曜社、2009年)19頁

学率も関係しているかもしれない。1969年の時点で（通信制課程を除く）高校進学率は男性79・2％、女性79・5％とほぼ同水準にある。一方で、短大を除く大学進学率は男性24・7％、女性5・8％と大幅な違いがある。[*2]

小熊英二『1968〈下〉若者たちの叛乱とその背景』（新曜社、2009年）には、長期にわたるバリケード封鎖を実行した都立青山高校で、食事当番を押し付けられた女子生徒たちが「食事がまずい」という男子生徒に腹を立て、「バリの中で人間疎外は許せない」とストライキを起こし、男子生徒たちがしぶしぶ自分で食事を作ったというエピソードが紹介されている。男女平等の実現に必要なのは、とりもなおさず女子の頭数であるということがよくわかる。

処分撤回闘争の敗北

『本牧ベイサイド・ハイスクール』の話に戻ろう。高校生活動家の急増に危機感を抱いた文部省は、1969年10月に高校生の政治活動を禁止する通知（「高等学校における政治的教養と政治的活動について」）を出した。そのため、木村が通う高校はデモ参加者の写真入り名簿を警察に渡すなどの行動をとるようになった。機動隊に目をつけられ、木村たちは届け出を出したデモに参加しているだけの自分たちを売った学校への怒りを募らせる。
2年生になり、反戦デモに手ごたえのなさを感じた木村たちは、「生徒を管理し抑圧する機構」である学校の体制に矛先を変え、校内有志でクラス・サークル連合（CCU）を結成した。ここから木村たちの本格的な高校紛争が始まる。校門前でビラを配りながら、木村は演説で堂々と教師を挑発する。

政治活動を禁止することは政治について考えることをも禁止することです。世の中の全てのことがらは嫌でも政治に関係している以上、そんな政策などがあっていいはずがありません。（……）興味があることを、尊敬できる先生から学びたい。興味も無いことを、人間として尊敬する気にもなれない教師から詰め込まれ、テストで評価されて点数を付けられるなど願い下げではありませんか。

『本牧ベイサイド・ハイスクール――1970年、僕たちはゲバ棒を持たなかった』139頁

続いてCCUは、授業で各教科の教師に授業の目的を問いただし、論破する作戦に出た。

この活動が功を奏して2年生の支持者が増え、期末試験ボイコットの呼びかけには31人が中庭に集まった。その後、学校側がCCUメンバー7名を含む9名の留年を決めたことで、CCU分断の意図を感じたメンバーは処分撤回闘争を決意する。高校紛争があちこちで起きていた当時においても大量留年措置は異例だったらしく、新聞沙汰になったそうである。

前半は社研や反戦デモで知り合った女の子たちとの甘酸っぱい交流や仲間との政治談議に大きくページが割かれ、活動自体は淡々と描かれているが、処分撤回闘争以降の描写は濃密だ。CCUは仲間を救うために教師を職員室に閉じ込める〝逆バリケード封鎖〟などさまざまな作戦を実行し、学校側をぎりぎりまで追い詰める。処分を免れたメンバーも涙ながらに校長に処分撤回を訴えたが、要求は認められなかった。本文中には記されていないが、この時期に校則が撤廃されたのは、荒ぶる生徒たちを懐柔するために学校側が提示したアメのようなものだったのだろうか。あるいは、もともと自由な校風の他校は紛争が穏やかに終わっていたことから、これ以上闘争を長引かせないために学校側が先手を打ったのかもしれない。

最終的に闘争は生徒側の敗北に終わったとはいえ、CCUのメンバーが中庭に座り込みながら中原中也の詩や寺山修司の短歌について語り合う場面は美しく、後半の教師たちとのぶつかりあいも鬼気迫るものがある。だが、その後の展開で感動がスン……と引っ込んでしまったのは否めない。

ケアなき学生運動の挫折がもたらしたもの

留年処分を免れた木村は将来を思い悩んだ挙句、受験勉強を再開した。試験を否定したのに受験勉強をするなんて矛盾していないか、と教師に嫌味を言われた木村はこう言い返した。「矛盾なんかしてないよ。俺たちはなあ、その時その時を自分に有利なように生きていくのさ!」。このくだりは当の教師サイドの視点で、紛争のリーダー格の言葉として校史にも掲載されている。[*3] 主人公の視点で読めば、木村は自分のずるさを自覚しており、この言葉は教師に言い負かされたくない一心で放たれた露悪的な強がりにすぎないという

＊2　e-Stat「学校基本調査 年次統計総括表 4 進学率(1948年~)」https://www.e-stat.go.jp/dbview?sid=0003147040
＊3　小林哲夫『高校紛争 1969─1970 「闘争」の歴史と証言』(中公新書、2012年)

ことはわかる。だが、理念よりも実利を重んじるリアリスト風なイキリ方は、その後の冷笑文化を想起せずにはいられない。

さらに、挫折でやさぐれた木村たちは「女子トイレの壁に穴を空ける」ことに熱中する（こちらも挫折して未遂に終わるが）。ヤンチャの証としてスカートめくりや風呂のぞきをする1980年代の少年マンガの主人公みたいだ。セクハラも冷笑文化も、学生運動の反動というより、学生運動と地続きにあったということなのか。いずれも、退屈な優等生ではない強く自由な自分を確認する手段にすぎなかったのだろうか。

『高校紛争 1969−1970 「闘争」の歴史と証言』によれば、この時期の高校紛争のすべてが挫折に終わったわけではない。神奈川県立希望ケ丘高校の紛争は、学校側が生徒側の要望を受け入れて「生徒心得」を廃止し、生徒の自主管理を認めるという全国的にもまれな成功を収めた。生徒側が特定党派と関係をもたず、政治的な要求を行わなかったのも一因だが、それはCCUも同じだ。なぜ彼らはうまくいったのか。希望ケ丘高校の元生徒はこう振り返っている。「（……）封鎖派生徒と教員とのあいだで険悪な対決姿勢は見られなかった。両者に信頼関係があったと思います。また、希闘委の要求項目に『勤評反対』がありました。教師は敵ではなく連帯すべき相手と見なしたからです」。

ＣＣＵが教師を容赦なく論破して大勢の前で恥をかかせる姿は、確かにかっこよく見える。だが、生徒にとっては強者である教師や校長もまた、教育委員会の勤評＝勤務評定に縛られる弱い立場にあった。『高校紛争１９６９-１９７０「闘争」の歴史と証言』には、生徒から敵視されて傷ついた教師たちの証言もいくつか収められている。

教師が理想通りではないことに腹を立てる代わりに、同じ人間として共感し、コミュニケーションを取って教師の心情をケアしていれば、少なくとも学友たちが留年に追い込まれたり、受験勉強を再開したときに孤立したりすることもなかったのではないか。理想のもとに誰かをかっこよく論破すれば支持者は増えるが、自分が理想的にふるまえなかったときに、露悪に走るしかなくなってしまう。また、自分が優位だと示すための嘲笑的な態度が弱い立場の者に向けられれば、セクハラやパワハラ、いじめになることは、容易に想像がつく（事実、コワモテ教師への追及を避けたことで、ＣＣＵの一人は女子生徒から「なんでいい先生ばかりいじめるの！」と詰問されたそうだ）。

ケアなき学生運動が挫折し、冷笑文化を招いたのは必然だったのかもしれない。

もっとも、挫折といえるほどの運動すらできなかった私に、ケチをつける資格はないだろう。あとからなら何とでもいえる。ＣＣＵの運動のおかげで、ぼんやり物思いにふける自由な時間をもらえたのは事実なのだから、感謝しなくてはいけない。

木村たちは卒業式で爆竹を鳴らして早稲田の校歌を歌い、厳粛な式をめちゃくちゃにしたあと、卒業証書を駅のゴミ箱に投げ捨てて高校生活を終えた。この「卒業式粉砕」の余波なのか、私の時代の卒業式は国歌斉唱もなく、生徒の自主性に任された自由度の高いものになっていた。他のクラスは寸劇で笑いを取ったりしてにぎやかに式を演出したが、式に厳粛さを求める生徒の多いクラスにいた私は、証書授与の間、The Byrdsの〝Turn! Turn! Turn!〟を小さく流すだけにした。季節の移ろいにほんのり感傷を添えるつもりで選んだその曲の歌詞は、あとで知ったのだが旧約聖書の一節にベトナム反戦の祈りを加えたものだった。

築き上げるとき　たたき壊すとき
飛び跳ねるとき　嘆き悲しむとき
石を投げ捨てるとき
石を拾い集めるとき

あらゆるものごとには (turn, turn, turn)
ふさわしい時期があり (turn, turn, turn)
天の下のできごとには　すべて定められたときがある

"Turn! Turn! Turn!" 訳は筆者。

あらゆるものごとには、ふさわしい時期がある。70年前後のあの時代が「たたき壊すとき」だったとしたら、今はケアをという石を拾い集めるときなのかもしれない。

第2章

暗がりから見つめるケア

子供の言葉を聞き続けるということ

映画『カモン カモン』の「暗がり」

自閉スペクトラム症（ＡＳＤ）の10歳の次女は、とてもおしゃべりだ。おしゃべりといっても、学校で起きた出来事や友だちについての話といった、親が知りたがる情報はほとんど出てこない。たいていはマンガで知った海外事情だとか、マインクラフトで作る予定のものだとか、動物や日本史の登場人物の豆知識だとか、脈絡のないことを一方的に話している。私はただ、「そうなんだー」「へーよく知ってるねー」と聞き流す。それが日常だから、子連れで駅のホームにいるときは、周囲の小学生たちがそれほど親としゃべっていないことに気づいて、あらためて驚いたりする。

「大きなバッタはどうしたかな」

「え？」

「おばさんの自転車にひかれた」
一、二年前、次女がつかまえようと追いかけたバッタがスーパーの駐輪場から出てきた自転車にひかれてしまったことがあった。つぶれたおなかから路上に広がる鮮烈なオレンジ色の卵。それをまだ彼女は忘れられないのだ。
「卵から自力で赤ちゃん生まれたかな」

「さあ、どうでしょうね」

「大きくなってるかな。でもまたひかれてるかな……」

答えがもらえないとしつこく質問を続けるから、家族から「うるさい」と怒られることはしょっちゅうだ。ＡＩ相手ならいくらでもおしゃべりができるだろう、と夫が次女の机の上にアレクサを取り付けた。

「アレクサ、サザエさんの曲を流して」

テレッテテレッ、テレッテテレッ、テレッテテレッテテッ（ポン）。

朝から大音量で響き渡る朗らかな筒美京平サウンド。踊る次女。余計うるさくなってしまった。例によって脈絡がさっぱりわからないが、次女はサザエさんとBTSの曲で踊り、美空ひばりの「川の流れのように」に合わせて歌うのが大好きなのだ。

アレクサ、占い占い占い占い！
（「今日の運勢を教えて」ときいてみてください）
アレクサ、今日の運勢を教えて？
（家族とのさりげないやりとりを大事にしましょう）
アレクサ、ねこのひみつ知ってる？
（ごめんなさい、わかりません）
アレクサ、ぺんぺん鳴らないのになんでぺんぺん草っていうの？
（ごめんなさい、うまく聴き取れ……）
アレクサ、世界で一番大きいバッタは？

のべつまくなしにしゃべる子供の話を聞き続けることは、アレクサにだって難しい。

子供の言葉と対峙する映画『カモン カモン』

最近見たマイク・ミルズ監督の映画『カモン カモン』（2021年）は、子供の言葉に真正面から向きあうという困難についての映画だったように思う。ニューヨークで独り暮らしをしているラジオ・ジャーナリストのジョニー（ホアキン・フェニックス）が、心の病に苦しむ別居中の夫を助けに出かけた妹のヴィヴの代わりに、9歳の甥ジェシーとしばらく暮らすことになるというのが、映画のおおまかなあらすじ。

ジェシーはしゃべり続ける男の子である。久々に会ったジョニーに菌類の地下ネットワークでつながりあう樹木の話を聞かせ、眠るときは孤児院から逃げ出してきた孤児になりきり、ヴィヴに子供を亡くした母を演じさせる。ジョニーは彼の賢さとユニークさに魅了されるが、母親のヴィヴはジェシーを愛しつつも、話すのをやめない息子にうんざりしている。

ここで、はみ出し者の男の子が退屈な母親のもとを離れ、自由なおじさんとの暮らしで自分を取り戻す……という陳腐な展開を想像してしまいそうになるが、そうはならない。ジェシーは孤独な中年を癒すマジカルな天使ではなく、リアルにうざい子供だからだ。

「歯ブラシ持ってこいって言っただろ」とジョニーに言われたジェシーは、「(中年の男性だから)感情を表現することに問題を抱えているの？」と聞きかじったような言葉で言い返す。ジョニーが苛立ちをあらわにすると、ジェシーは「感じたことをそのまま口にするのはいいことだね」となぜか上から目線。仕方なく店に連れていけば、騒がしいポップソングが流れる電動歯ブラシをねだり、要求が受け入れられないと店内で姿を消してジョニーを心配させる。思わず声を荒らげて叱るジョニーの言葉を、ジェシーは笑いながらおうむ返ししてからかう。逆上したジョニーは手をあげそうになり、そんな自分に気づいてゾッとする。ジェシーは街中で唐突に姿を隠したり、バスに飛び乗ったり、ジョニーを困らせる行動を次々に繰り出す。

ジェシーには友だちがいない。誰に対してもおしゃべりというわけではないことは、ちらりと映る下校シーンでもわかる。おそらく同年代には受け入れてもらえないし、9年間の人生でいやというほどそのことをかみしめてきたのだろう。受け入れてくれるのは、エキセントリックな言動を面白がってくれる、心に余裕のある一部の大人だけ。だからジェシーは大人にだけなつき、とことん試す。どんな自分もまるごと受け入れてくれる大人かどうかを。

ここで私は、同年代の親しい友人がおらず、大人にだけ饒舌な次女に似ていると感じる。大人びた口調と情緒の幼さのギャップ、落ち着きの無さ、大人へのなれなれしさは、なんらかの特性があることを匂わせる。とはいえ、障害の有無が劇中で明示されることはない。ジェシーはジェシーだ。

ジョニーは親ではないのだから、こんな面倒に付き合う筋合いはない。だが、ジョニーは苛立ちを理性で抑え込みながら、ジェシーを理解しようと根気強く彼の言葉に耳を傾け続ける。なぜジョニーはここまで耐えることができるのか。その理由を想像させるのが、時折挟み込まれる妹とのやりとりである。

母親――あらゆる問題の罪を背負う究極のスケープゴート

ヴィヴは、一年前に亡くなった認知症の母の介護に立ち向かったのは自分一人だったと認識しており、助けてくれなかった兄に対してわだかまりを抱いている。母は娘を狂人扱いさえしたが、息子にはそんな姿を見せなかった。ジョニーは、一人で抱えこんでいたのは妹のほうじゃないかと思いつつも、いたたまれなさも感じている。

要介護の老人がたまにしか顔を見せない親族にはいい顔をして、いつも介護している親族につらくあたるというのはよく聞く話である。ケア対象の生に責任を持つケアラーは、対象の願望を気軽にかなえてあげるわけにはいかないことがしばしばあるからだ。

ただ、ヴィヴとジョニーの間にあるのは、介護の問題だけではなさそうである。母親の死について、ヴィヴは兄にこう語る。

あなたは自分を溺愛してくれる母を失った。私は決して自分を理解してくれない母を失ったの。

『カモン カモン』

ヴィヴの葛藤を象徴するようなテキストがスクリーンに映し出される。ジャクリーン・ローズ『Mothers: An Essay on Love and Cruelty（「母たち 愛と残酷さについてのエッセイ」未訳）』の一節だ。

母性とは、我々の文化の中で、完全な人間であるとはどういうことかについての我々の葛藤を閉じ込める場所、というより葬り去る場所だ。母親は、個人や政治の失敗、あらゆる問題の罪を背負う究極のスケープゴートである。母親は世界のあらゆる問題の原因であり、それを修復することが母親の仕事になっているのだ（むろん実現不可能だが）。

おそらく二人の母親は、このような母性に対する期待を愚直に背負った女性なのだろう。息子に対しては理想の母親像を演じきることができたが、娘に対してはそうではなかった。それが実現不可能な仕事だとは自覚しないまま、同じような母性を娘に期待し、理想を演じるなかで胸の内に押し込めてきた言語化できない葛藤も、また娘にぶつけていたのではなかったか。母性を担う者とされた娘は、個人としての自分を理解してもらえないことを悲しむ。一方であらゆることの責任を押し付けられ、混沌とした母性という世界に追いやられた母の目からは、同じ世界に生きているのに個人であることを捨てないヴィヴが狂人に見える。

ケアが追いやられてきた「暗がり」と未来

作家のアーシュラ・K・ル＝グウィンは、1983年に名門女子大学の卒業式で述べた「左ききの卒業式祝辞」の中で、男性中心の文化からケアを担う女性たちが追いやられてきた場所を「暗がり」と呼んでいる。

私たちの社会において、女性は人生のあらゆる側面を生きてきました。無力、弱さ、病気、非合理的で取り返しのつかないもの、あいまいで受動的で制御のきかない、動物的で不浄なものすべてを含む人生を生き、それらの責任を負わされてきました。そしてそれゆえに、見下されてきました。そこは、影の谷、深み、人生の深淵です。

「左ききの卒業式祝辞」[*1]

暗がりをこのように定義したうえで、ル＝グウィンはそれでもなお、そこで生きていくことを卒業生に期待する。マッチョが仕切る競争主義の息苦しい社会システムの先にはない未来が、「暗がり」＝ケアの世界にはあるからだ。

そこでは戦争が行われることも、戦争に勝つこともありません。けれども、未来がある場所です。私たちの根っこは暗がりにあります。

「左ききの卒業式祝辞」

おそらくジョニーは、母とヴィヴが生きた「暗がり」に足を踏み込むことを自らに課したのではないだろうか。好むと好まざるとにかかわらず、男性として生まれたジョニーは「暗がり」を知らないまま、日のあたる世界で仕事に没頭することができた。母に溺愛された思い出だけで生きていくことは、むろんできる。けれども母が引き受けてきたものを知らないままでは、母を失うという体験をまっとうできない。なぜ結婚していないのか、なぜ恋人と破局したのかをジェシーに問われて、ジョニーがうろたえるシーンがあるが、うまくいかなかった原因が、母に関係していることは明らかだ。だからこそ、ジョニーは

＊1　アンナ・ラッセル『だから私はここにいる――世界を変えた女性たちのスピーチ』(筆者訳、フィルムアート社、2022年)

ジェシーの子守を自ら名乗り出た。その行為は、私たちの「人生のあらゆる側面」（ヴィヴは〝Our entire lives〟と表現する）をずっと一人で背負ってきたと訴えるヴィヴへの贖罪でもある。

ジェシーはまさに、「無力、弱さ、病気、非合理的で取り返しのつかないもの、あいまいで受動的で制御のきかない、動物的で不浄なものすべて」を象徴するような存在だ。彼の語りが、樹木の地下ネットワーク、孤児院から逃走する孤児、宇宙など暗がりにまつわるものばかりなのも、偶然ではないのだろう。彼の言葉を真正面から受け止めることが、暗がりを生きるということである。

なぜママとジョニーは普通のきょうだいみたいじゃないの？　どうして子供を持たないの？　上っ面な答えを返せばすぐに「ペラッペラ！（blah blah blah）」と突っ込むジェシーの容赦ない質問攻撃に対し、ジョニーは真摯に答えを探す。その過程で、ジョニーはこれまで直視することを避けてきた自分の中の「暗がり」に向き合わざるをえなくなる。電話でヴィヴに愚痴り、対処法を聞き、ときにはネットで育児法を検索してまでジェシーに応えつづけたジョニーは、母や妹が担ったものの一端を知り、人生の欠けたピースを取り戻そうとする。

ニューヨークやロサンゼルスの街並みがモノクロームで映し出されることで、ジョニーが体験する「暗がり」を、観客の私たちも感受する。そこはエリートビジネスマンやアーティストが闊歩するキラキラした活気あふれる街というよりも、子供があっさりと姿を消す寓話の中の暗い森のように見える。

目をくらませる光の中ではなく、滋養に満ちた暗がりの中に希望はあり、人はそこで魂をはぐくむのです。

「左ききの卒業式祝辞」

ル＝グウィンは、マッチョの真似をするのではなく、暗がりで暮らし、「自分たちの国の夜を生き抜くことによってのみ」、暗がりの昼の部分にたどりつくことができると語る。この映画で描かれるのも、一般的な成功や勝利ではなく、暗がりに差し込む穏やかな光である。水面のきらめき。木漏れ日。やわらかなカーテン越しの日射し。安心してジョニーにもたれかかり、彼を見上げるジェシーの瞳の光。モノクローム映像の暗がりの中だからこそ、ささやかな光が強く印象づけられ、ジョニーとジェシーがたどりついた場所を私たちに暗示する。

子供の言葉をちゃんと聞くのは本当に難しい。私はすぐに適当な答えを返してしまうし、賢いアレクサだって、「川の流れのように」をリクエストされて、奥村チョの「恋の奴隷」を流したりする（教育に悪すぎる）。それでも子供はめげずに話し続けるし、アレクサもがんばって対応しているから、私も今度こそしっかり耳を傾けようと思う。

「アレクサ、またね」

（さようなら。また話しかけてくださいね）

「人間」を疎外するシステムで、包摂される人々

村田沙耶香『コンビニ人間』とドラマ『ウ・ヨンウ弁護士は天才肌』

子供たちがまだ小さかった頃、近所の大学の学園祭に連れていったことがある。その大学は小学校教員や保育士を目指す学生が多く在籍していることもあって、子供向けの展示や演目が充実していた。「昔話の劇をやるから見に来てね」とチラシを渡された次女が激しく見たがったので、指定の教室にむかう。客席は、次女と同年代の未就学児でいっぱいだった。始まってみれば、昔話の劇というよりは、浦島太郎をモチーフにしたコントのようだった。ところが大人の話はおとなしく聞きましょうとしつけられている子供たちは、どんな体を張ったギャグにも決して笑わない。つらい空気が流れる。

静かな客席に、最前列からデカすぎる笑い声が鳴り響いた。子供たちの注目がいっせいに次女に集まる。次女も視線にびっくりして口に手をあてたが、その後もギャグのたびに一人笑い続け、左右の席の子にまで「面白いね！」と話しかけている。そのうち「この子が怒られていないのなら笑ってもいいようだ」と子供たちが察しはじめ、会場は徐々に笑いに包まれるようになった。劇は大盛り上がりのうちに終了。主役を演じた大学生は次女のほうに近寄り、「ありがとう！」とハグしてくれた。

空気が読めないという自閉スペクトラム症（ASD）の特性が、役に立つことがあるなんて。保育園の活動のほとんどをうまくこなすことができず、できないことだらけに見えた我が子の人生に、少しだけ光が差したように感じられた。

脳の多様性——ASD者は本当に共感能力が低いのか？

ASDなど神経や脳に由来するさまざまな特性の違いに優劣をつけるのではなく、多様性としてとらえ、相互に尊重する。こうした考え方を「ニューロダイバーシティ」と呼ぶらしい。日本語では「脳の多様性」「神経多様性」などと訳される。学校的な場ではたやすく「正しくない子」にされてしまうＡＳＤ児の親としては、癒されるワードである。

横道誠『みんな水の中――「発達障害」自助グループの文学研究者はどんな世界に棲んでいるか』（医学書院、２０２１年）も、この「脳の多様性」という考え方を支持する。ＡＳＤの当事者である著者は、定型発達者と異なり、自分たちは「魔法の世界」（59頁）に住んでいると表現する。ＡＳＤ者にとって、現実社会での物事はでたらめに起きているように体感されるため、世界が秩序だった場所ではなく、魔法の世界のように思えるのだそうだ。確かに、当時の次女からすれば、ギャグに笑っただけで子供たちが変な目で見てくることも、演者から抱きしめられるのも、脈絡がわからない出来事だっただろう。

ＡＳＤでも知的障害をともなわない場合はアスペルガー症候群と呼ばれ、略語としての「アスペ」は「共感能力の低いイヤな奴」へのレッテルとして用いられることもしばしばある。だが著者によれば、ＡＳＤ者は共感性が欠如しているという見解にも検証の余地があるのだという。著者はＡＳＤ者がＡＳＤ者に相対したときに共感に関わる脳の領域の活動が促進されるという研究結果をひき、ＡＳＤ者同士には定型発達者同士のような共感があるのではないかと推定する。「もしそうであれば、ＡＳＤに指摘される共感能力の低さは、**実は少数派の私たちと多数派の定型発達者とのあいだの断絶が誤解されたものということ**

になる」（125頁、太字は筆者による）

事実、著者は文学研究者として、さまざまな文学・芸術に自分の体験した世界を見出してきた。文学と芸術は「混沌とした宇宙に明晰さを与え」（51頁）、多数派との断絶に苦しむ著者をケアするものだ。著者は同じような障害を抱えた人々と文学と芸術について語り合う発達障害の自助グループを運営しているが、もっとも参加者の反響が大きかった作品が、村田沙耶香『コンビニ人間』（文春文庫、2018年）なのだそうだ。

『コンビニ人間』に共感するASD者

恋愛や人付き合いに興味がなく、マニュアル通りに動くコンビニの店員でいるときだけ充足感をおぼえる36歳の未婚女性を描いた『コンビニ人間』は、日本では100万部を突破するミリオンセラーとなった。この小説ほど、人によって読み方の変わる作品もない。

たとえば政治学者の白井聡は、「『疎外された労働』（カール・マルクス）の現代的形態、高度化し続ける資本主義社会におけるその究極的帰結を描いたもの[*1]」という読みを提示する。2018年6月の米『ニューヨーカー』に掲載された『コンビニ人間』評も、こうした読みにならったものだ。主人公の古倉恵子は「奇人」「不気味」「魂の欠落」と形容され、コンビニ店員という仕事も、奇妙で疎外された人間にふさわしい「奇妙で人間を疎外する仕事」とネガティブに評される。評者によれば、『コンビニ人間』は「おぞましいポスト資本主義の白昼夢」[*2]を描いたものとされる。

ところが、これらとはまったく異なる視点からの書評が、英『ガーディアン』に掲載された。

書き手はＡＳＤであることを公表しているアイルランド人作家のニーシャ・ドーラン。彼女は「自分の脳は人と違いすぎていて小説に登場することはないと思っていたけれど、この小説には私がいる」[*3]と語る。『コンビニ人間』の主人公はサービス業を問題なくこな

＊1　白井聡「『コンビニ人間』が資本の論理の最終形態である訳　感情までも「商品化」する「包摂」という概念」東洋経済オンライン　2023年3月13日

＊2　Katy Waldman, "Sayaka Murata's Eerie "Convenience Store Woman" Is a Love Story Between a Misfit and a Store" The New Yorker, June 21, 2018
https://www.newyorker.com/books/page-turner/sayaka-murata-eerie-convenience-store-woman-is-a-love-story-between-a-misfit-and-a-store

す特別な才能を持たない女性で、これまでフィクションの中で描かれてきた自閉症者像からはかけ離れているが、当事者が読めば、まさに自閉症の女性そのものであるらしいのだ。彼女に言わせれば、『コンビニ人間』は労働疎外の物語でも資本主義の物語でもなく、「普通」に擬態しようとする自閉症の女性が経験する「あるある」に満ちた小説なのだという。

　幼少期の主人公は社会的な能力が低く、他人の言葉を文字通り受け止めてしまうためにトラブルが絶えない。だが、コンビニのアルバイトで表情や話し方のお手本を見せられ、それを意識的に模倣することにより、「正常な部品」として存在を許されるようになる。同僚との雑談では周囲の表情と言葉を真似て愚痴に共感するふりをするが、それは異物として排除されないための作業に過ぎず、会話を楽しんでいるのではない。ルーティンにこだわり、コンビニのようにマニュアルで統制されたシステマティックな職場なら心地よく過ごせる。このような人物像は、特性をマスクして社会になじもうとする自閉症女性の典型であるという。

　ドーランのレビューに感化されて同作を手に取った、ある自閉症の女性ライターも、英カルチャー誌『i-D』のサイトで読後の感激を語っている。「社会的相互作用《人づきあい》に苦労し、自分の感情を押し殺し、他人を観察して話し方を模倣するケイコは、まさに自分自身だ」[*4]。

彼女もまた、話す内容とルーティンが決まっているサービス業の仕事に居心地の良さを感じていたそうだ。

主人公が就職や結婚という通過儀礼を振り払って単純労働の世界に安住するラストは、一般の人にとっては退行にみえるだろう。だが、「普通」に擬態して非論理的な世界になじもうとする際限のない努力から解き放たれ、システムの一部となることを選んだ主人公の姿は、ASD女性の目には大いなる救済と映っているようだった。

彼女たちによる『コンビニ人間』評には、「社会的相互作用」「社会的期待」「台本」「ルーティン」といった、ASD関連の論文ではおなじみの用語が並ぶ。おそらく彼女たちは、

＊3　Naoise Dolan,"I thought I was too different to see myself in a novel – but Sayaka Murata got me" The Gurdian, 25 may 2020
https://www.theguardian.com/commentisfree/2020/may/25/novel-sayaka-murata-convenience-store-woman

＊4　Marianne Eloise, "This anti-capitalist novel explores what it means to be ,normal' in an abnormal world" i-D, 2 Oct 2020
https://i-d.vice.com/en_uk/article/dyzn3y/earthlings-sayaka-murata-review-convenience-store-woman

２０１０年代以降に進んだ女性ＡＳＤに関する研究を読み、ずっと感じてきた困難の理由を言葉によって把握し、自己受容に至ったのだろう。彼女たちの言葉は、「生きづらさ」「不気味」「疎外」といった言葉ではすくいきれない『コンビニ人間』の世界観を、ある一面から見事にとらえている。

私自身がはじめて『コンビニ人間』を読んだときは、主人公は「普通」の人間のゆがみを浮かび上がらせるための狂言回しとして設定されたキャラクターだと思い込んでいた。だが、サラ・ヘンドリックス『自閉スペクトラム症の女の子が出会う世界』（筆者訳、河出書房新社、２０２１年）の翻訳後に読んだ同作からは、まったく異なる印象を受けた。作品内で障害の有無が明示されているわけではないものの、主人公の言動がＡＳＤ女性の特性に似通っていたからだ。

『自閉スペクトラム症の女の子が出会う世界』によれば、成長したＡＳＤ女性は同じ障害を持つ男性に比べ、周囲に溶け込もうとする傾向が強い。そのため、社交用の会話を台本として覚え、定型発達の人々のまねをし、「普通」に擬態をすることがしばしばみられる。だが、暗黙の了解を察知できないこともあり、いわゆる「人間味がある」とされる複雑なコミュニケーションは困難だ。同僚と世間話をすることなく、機械を構成する部品のようにルーティン通りに仕事をこなしていくことに安心を覚える人もいるという。自分は人間である以上にコンビニ店員であると主人公が覚醒する『コンビニ人間』のラストは、彼女をそのような特性の持ち主と見れば、確かにハッピーエンドなのだった。

「人間味のある」世界で排除される者が、「人間を疎外している」はずのシステムで包摂される。このような例はほかにもある。紙に番号を記入するファミレスの注文形式に寂しさを感じるという意見に対し、聴覚障害者から「使いやすくなった」という声があげられたのを目にしたことがある。また、地方の温かみを失わせる「ファスト風土」だと評論家から揶揄されるショッピングモールには、車椅子の障害者や高齢者、子連れが利用しやすいという側面もある。

一見奇妙に見えるこうした光景は、かつての人文学が定義する「人間（human）」が、健常で教育レベルが高く、弱者のケア責任を負っていない上流階級の男性（man）だけを意味していたのだと考えれば、矛盾ではないのかもしれない。

物語の中で輝く自閉症スペクトラム症の女性主人公

韓国Netflixで話題のドラマ『ウ・ヨンウ弁護士は天才肌』も、ＡＳＤの女性がロジカルな法律の世界で包摂される物語である。

ウ・ヨンウを「天才」たらしめているのは、一度読んだ本はすべて記憶するという（おそらくはサヴァン症候群と呼ばれるタイプの）突出した記憶力による。法律を全文暗記している彼女は、クライアントの弁護に適した法律をその場ですらすらと暗唱することができる。そのぶんＡＳＤの特性も強く、コミュニケーションが苦手で、表情や体の動きもぎこちない。予想外の味に対応できないため、材料が一目瞭然であるのり巻きしか食べられない。また、好きなもの（クジラ）に異常に執着し、話を聞いてくれる人を見つけるとその話題を一方的に話し続けてしまう。

このドラマにおける法廷は、あいまいなコミュニケーションではなく、ロジックとファクトが重んじられ、先入観のない観察眼と観察から導かれる直観によって真実にたどりつく世界として描かれる。それは恵子にとってのコンビニや、クジラにとっての海のように、ヒロインにとって息のしやすい世界である。

特殊な天才肌のヒロインが活躍するコメディというと『のだめカンタービレ』『あまちゃん』などの日本ドラマを彷彿とさせるが、このドラマがそれらと異なるのは、ヒロインのウ・ヨンウの依存性だ。第1話で先輩の男性弁護士が「依頼人と話し、法廷に立つのが弁護士です／社会性や話術が必要なのに／自己紹介もまともにできない子ですよ」と彼女の就職を心配するように、彼女の社会的能力は極端に低い。それが克服される見込みも薄い。だがそのあたりは、スピーチ大会で優勝するような他の弁護士たちがカバーする。あまりに弱さがあからさまなので、周囲がケアをせずにはいられないのだ。

第2話では、依頼人（大富豪）の娘のことを同僚の弁護士が陰で「精神的に独立していないとダメなのに親に頼りっぱなしだ」と言っているのを聞いたウ・ヨンウが、自分もそうだと告げたうえで、娘にそのまま伝えてしまう。だがその正直すぎる語りが、娘の自立をうながし、人間関係のもつれを解決に向かわせる。字面だけ見れば失礼と受け止められない彼女の言葉が聞き入れられたのも、見た目にわかりやすい弱さのためだろう。

ドラマはASDの愛されやすい面だけを取り上げているわけではない。第3話に登場する被告人は重度のASD男性で、知能が低く、医大生の兄を殴り殺した容疑がかけられている。ドラマの冒頭で描かれるパニック状態の彼の姿は、世間の人がASDに抱く負のイメージを体現したものだ。事実、彼が傷害致死で起訴されたニュースが流れると、ネットニュースのコメント欄にはＡＳＤ者に対する差別的な言葉がずらりと並ぶ。容疑者の母は、優秀なウ・ヨンウの姿を見て、「賢い子もいると知っていたけど」「同じ自閉症なのにあまりに違うから」複雑な気持ちになったと正直な感想を述べる。

自閉症の子は大抵うちみたいでしょ。
よくなるという希望はなかなか抱けない。

『ウ・ヨンウ弁護士は天才肌』第3話

知能の高いタイプであるウ・ヨンウですら、中高時代にハードないじめを受けている。法律事務所のチームや身近な知り合いからかばってもらえても、世間の大多数は障害に無理解だ。重度のＡＳＤ者の家族からも距離を置かれてしまう。彼女はモノローグで、自閉症研究の先駆者であるハンス・アスペルガーがナチスの優生思想に共鳴し、「生きる価値のない」障害者を選別して安楽死に導いたことに触れたうえで、障害ゆえに疎外される自らについてこう語る。

わずか80年前　自閉症は生きる価値のない病気でした。

（……）

今も数百人の人が〝障害者じゃなく医大生が死んだのは国家的損失〟このコメントに〝いいね〟を押します。

それが私たちが背負う――この障害の重さです。

『ウ・ヨンウ弁護士は天才肌』第3話

弁護士として見知らぬ他者とかかわる以上、法律の条文の中だけでは生きられない。時折登場する空を泳ぐ海洋生物は、なじめない世界で必死に泳ごうとするウ・ヨンウの心象風景を象徴しているように見える。

だが、彼女の抱える困難は、一般の人には理解できない理路で動く被告への共感を可能にする。第3話のように、それが問題解決へとつながることもある。ウ・ヨンウは定型発達者の空気を読むことは苦手だが、共感能力がないわけではないのだ。低年齢化する受験戦争をテーマとした第9話では、塾へ向かうバスを乗っ取って小学生たちを山へ連れて行って遊ばせた被告が登場する。少年時代を奪われ、大人になっても少年のような恰好をし続けるはぐれ者の被告の言葉は、社会に適応した大人たちには全く相手にされない。その主張を偏見なく受け止められるのは、クジラが空中を泳ぐ世界に生きるウ・ヨンウだけなのだ。

彼女が法律事務所のチームにケアされるのは、ずばぬけた能力があり、ぎこちなさがかわいらしく見えるからこそで、一般的なASD女性が救われるわけではない、という評はその通りだと思う。いわゆる天才タイプではないASDの女の子を育てる身として、そのあたりが気にならないわけではない。けれども、定型発達者のような「人間味」をもたないヒロインが特殊な世界で必要とされる姿に、どうしてもわくわくせずにはおれない。

ウ・ヨンウのこだわりを矯正すべきものではなく愛らしさとして描くオープニングからは、定型発達者の世界に生きる一般視聴者に向けて、断絶を乗り越えて「魔法の世界」を生きるASD者へのエンパシーをはぐくもうという意志が感じられる。空を泳ぐクジラを見ていると、空気が読めない子を迎え入れてくれる場所も、きっとどこかにあると信じられるような気がするのだ。

読む女、手を動かす女
菅野カラン「かけ足が波に乗りたるかもしれぬ」と永井みみ『ミシンと金魚』

本を読んでばかりいると頭でっかちになると言われて育った。菅野カラン「かけ足が波に乗りたるかもしれぬ」[*1]（2021年後期・第80回ちばてつや賞一般部門佳作受賞作）というウェブマンガを読んだのは、本を読んでいる女子が頭をはたかれるアイキャッチ画像に惹かれたせいもあるかもしれない。

*1　菅野カラン「かけ足が波に乗りたるかもしれぬ」コミックDAYS, https://comic-days.com/episode/3269754496647351375

家族のワイシャツをたたみながら本を読んでいた主人公の少女は、いきなり祖母に頭をはたかれる。「服をたたむときは服を／お皿を洗うときはお皿を見なければダメ！」祖母はたたんだ洗濯物を蹴り上げ、図書館の本を窓から放り投げてしまう。この祖母と折り合いの悪かった母はすでに家を出ていて、父は家族に無関心。家事をしながら本を読むことが、なぜ許されないのか、少女は「私が楽しそうにしてるのが許せない」のだろうと思う。少女は宿題の俳句を作るという名目で、息苦しい家を出て母の住む遠い場所へと向かう。

家出少女とその友だちは、言葉が書かれた付箋を袋からランダムに取り出すというダダイズム的手法で、電車に乗りながら次々と俳句を作り出していく。思いがけない言葉の組み合わせに想像力を刺激され、二人の少女はここではないどこかに心を飛ばす。そんなときの二人は、何があっても無敵だ。

森の向こうに住む母は、祖母が本を捨てる理由を娘にこう説明した。「目の前で本を読まれると桜子が遠くに行ってしまったように感じるのよ」。母の家で一晩過ごした少女は、家に帰ることを決める。家の中にいても、世界が狂っていても、心を遠くに連れて行ってくれる言葉の力を自らのものにしたいと思ったからだ。

このマンガは「目」と「手」の物語なのかもしれない、と感じた。「女の手仕事」「お母さんの手作り」というよく聞く言い回しが示すように、歴史的に女性の仕事は「手」に結び付けられてきた。手仕事には屋内的性質があることから、女は手仕事によって従順と貞潔というモラルを学び、外部の世界を夢見ることがないようにしつけられる。そのとき「目」は、「手」の従属物にならなければならない。「服をたたむときは服を」見ろ、と少女の祖母が怒るのはそのためだ。自分の子供時代を思い返しても、お風呂のタイル目地をクレンザーでごしごししているとき、揚げ物の衣をつけているとき、心をどこかに飛ばすのは不可能だった。それは閉じ込められている感覚に近かった。だから家事がいやだったのかもしれない。

伊藤亜紗『手の倫理』（講談社選書メチエ、2020年）によれば、西洋哲学において、感覚のヒエラルキーの最上位に位置するのは視覚であるという。「たとえばプラトンの『イデア』論を見ればあきらかです。『イデア』という語はギリシャ語『イデイン』、すなわち『見る』に由来しています」（56頁）。プラトンはイデアをとらえるために、自らの肉体から離脱して魂で真理を認識しなければならないと説いた。プラトンが言うのは肉体の目ではなく魂の目だとしても、抽象的な思考をするとき、視覚が一番の助けになるのは事実だ。視覚は対象から離れていても、対象について考えることを可能にする。本を読めばさまざまな時代や国、数十ミクロンの生物から宇宙、誰かの頭の中身まで、想念を広げられる。触覚はその逆だ。腕の長さ以上のところへは届かない。

「かけ足が波に乗りたるかもしれぬ」の祖母が孫娘の読書を嫌がるのも、本を読む孫娘が自分のわからない遠い世界に行ってしまうと思ってのことだった。人間関係を個人がコミュニケーションを取り合って利害を調整するフラットなものではなく、下が上に服従するものだと考える人にとって、下に位置する女が自分の知らないことを知っているのは不愉快なことだ。「読む女」は、家の外の世界を知っていて、外に出たいと思っている女である。そんな女は、おとなしく家に服従しないかもしれない。本を捨てられた少女は自ら言葉を生み出すメディアになることで、誰にも支配されない世界を作ろうとする。

私にはASDの次女がいるので、大きくなっても触れる関わりは欠かせない。どうやら快適な触覚刺激によって分泌される神経伝達物質「オキシトシン」が、ASDの症状の改善に役立つらしいのだ。ASDである動物学者のテンプル・グランディンが、18歳のときに自身の不安を抑えるためにハグ・マシーンを開発した逸話はよく知られている。難しい理屈は抜きにしても、ハグなどの愛着的な触覚刺激が落ち着かせるのに有効なのは、経験的に学んだことだ（※ASD者の中には感覚過敏があって特定の触覚刺激を好まない人もいる）。

「目」が「手」に従属させられる人生は、どこにもいけない閉塞感があってつらい。けれども、「目」ばかりで生きてゆくのは難しい。

永井みみ『ミシンと金魚』――読むことを禁じられた女たちの「手」の物語

第45回すばる文学賞受賞作の永井みみ『ミシンと金魚』（集英社、2022年）は、「読む女」であることを禁じられた女たちの「手」が豊かに描かれている小説だった。

認知症の老女の饒舌な語りによる小説、と聞いて、深刻なイメージを抱く人もいるかもしれない。が、主人公のカケイさんの語りは軽やかだ。病院の待合室で見世物小屋のキンタマ娘の話を延々として、付き添いの女性にあきれられる。カケイさんは、「じいさんたちのいばった態度を「負け」だと思っている。「おもしろいことを言ったりやったりしたもん勝ちだ」。まま母にいじめられて育ったカケイさんは、家事にこき使われ、小学校にもほとんど行かせてもらえなかった。それでも、独学で新聞を読めるようになった。「まま母の目ぇぬすんで、がんばって古新聞の上に文字のれんしゅうして……」（24頁）。

自力では立ち上がれない老いたカケイさんを助けるのは、「みっちゃん」とカケイさんが一律に呼ぶケアワーカーの女性たちだ。女性たちはカケイさんがうつむいただけで瞬時に判断し、手を貸してくれる。カケイさんはみっちゃんたちの区別はつかないけれど、「手」の区別はつく。今日のみっちゃんは、冷たい手のみっちゃんだ。「手はつめたいけど、あんしん感はバッチリだから、あんしんして歩きはじめる」(12頁)。

カケイさんは「糞づかみの手」と呼ばれていた、「ばあさん」の肉付きのいい手のことをよく覚えている。貧しくて働きづめだったばあさんは、カケイさんにこう言い聞かせた。「女はねえ、絶対手に職つけなきゃ、損するぞ」(29頁)。それでカケイさんはミシンを覚えた。進駐軍の奥さん用に、レースをたくさんぬいつけたカラフルなシルクのスリップやブラジャーを作り続け、夫の失踪後も家計を支えた。

女の手仕事の延長線にある作業と思われていたためだろうか、ミシン縫製は戦後の一時期、既婚女性の職業の定番だった。満州から無一文で夫とともに引き揚げてきて、家の裏手にある小さな縫製工場で働きながら子供たちを育てた私の祖母も、そうした女性たちの一人だった。幼かった私はよく工場に入り込み、祖母がミシンを踏む横でカラフルなはぎれで遊んでいたものだ。祖母を含め、働く女性たちはミシンと一体化したかのように一心不乱に作業を続け、誰も小さな子供をかまおうとしなかった。縫製は家事育児の延長ではなく、職人仕事だった。カラフルなはぎれやボタンも子供心にときめいたが、誇り高き職人たちが作業に集中し、放っておいてもらえる空間も居心地がよかった。歩くとギシギシきしむ節穴だらけの床、生地の匂い、大量のレース、並べられたミシン糸。今でもはっきり覚えている。

私は祖母や母が本を読んでいるのを見たことがないが、ミシンは日常の中にあった。文化を楽しむようなモラトリアム期間も教養も持つことを許されなかった時代の女性たちにとって、ミシンは世界とつながる数少ない手段だったのではないだろうか。

子供を抱えてどこにも行けないカケイさんも、本を読む代わりにミシンを踏むことで、ここではないどこかに心を飛ばすやりかたを知った。目ではなく、手で「魂の目」を獲得したといえるのかもしれない。ミシンの振動に身をゆだね、体ごとメディアになることで「ミシン目が道みたくなって、その道をびゅぅんびゅぅんと走り続けて、おんなじとこでミシン踏んでるのに、運動会のリレーで先頭切って、だぁれも寄せ付けず」（89頁）走っているような感覚を体得する。そんなときのカケイさんは、「石担ぎでも女相撲でもなんでもできるんじゃないか」（90頁）と思えるほど無敵になる。俳句を作る少女たちのように。

幼児は肌を離せ、手を離すな。カケイさんが無敵モードに入っている間に、放っておかれた3歳の娘は亡くなってしまう。「みっちゃん」は娘の名前だった。娘の死を、魂を「ふわふわ」させた自分への罰だとカケイさんは考える。それでもカケイさんにとって、兄と一緒に娘をかわいがった3年間は幸せな日々だった。ミシンの技術も、彼女の誇りであり続けた。年寄りの世話をしなくちゃいけない「かあいそう」なケアワーカーの女性に、ミシンを教えてあげようとするほどに。

カケイさんの祖母は死の間際、自分の手に白い花が咲くのを見たと語ったことがあった。「ああだけど、職のつかないこんな手にも、きれいな花が咲くんだねえ」(29頁)。やがてカケイさんの手にも、色とりどりの花が咲く。今生の見納めに何か面白いことはないか、と目を動かした先に、幼い「みっちゃん」の手あとがあった。カケイさんは小さな手あとに自らの手を重ねる。

面白いことが好きだけど、本を読む余裕などなく、ひたすら手を動かして生涯を終えたカケイさんやその祖母のような女性は、きっと無数にいるのだろう。カケイさんはひどい目に遭ってきているのに、観念的に他者を憎むことなく、そのときどきの身体的なかかわりで他者のとらえかたを変えている。すぐはたく息子の嫁にげんなりしつつも、酒の飲みすぎで手のひらがむくんでいるからあまり痛くないと思い、嫁も何か抱えているものがあるのだろうと想像する。カケイさんの台所をきれいにする嫁の無駄のない手つきを見て、「仕上がってる」と感心したりもする。

「みっちゃん」の手にケアされるばかりでなく、家庭の悩みを打ち明けた「みっちゃん」の手を握って慰めることもある。カケイさんは手で他者を理解し、触り合って他者と共鳴する。ケアワーカーの女性たちと亡くなった娘と自分とが、触れて溶け合って「みっちゃん」になり、その境界はあいまいになる。

『手の倫理』は、触れることで生まれる関係性を、「『まなざし』を介した他者関係とは異なる、『手』を介した他者関係のあり方」（178頁）だと表現する。90年代の冷笑文化が嫌がられるのは、「まなざし」が他者を自分たちとはかけ離れた異物として対象化し、ときにそれが暴力となってしまうからだが、手を介した関係ではその逆のことが起こりうる。他者との混ざり合いと共感。そんな手の巧者たるカケイさんとは対照的に描かれるのが、他者と触れ合いたがらないか、いきなり胸をさわってくるような「じいさん」たちである。

「読む女」である私も、他者との触れ合いが苦手で老人ホームでレクリエーションをこなせる自信がない、という意味では「じいさん」寄りの人間ではある。今のところカケイさんのようにはなれそうもない。引き続き「読む女」として魂をびゅんびゅんあちこちに飛ばし続けるつもりだが、手を使うコミュニケーションが想念の暴走をとどめてくれることも、ときどき感じている。

さて、これを書いているのが夜の9時。一緒に寝ようよ。肩もんでいい？　と次女が肩をもんできた。気持ちいい？　何回がいい？　百回がいい？　ありがとう、やさしいね、じゃあ一緒に寝ようね。いつまでも母親にくっついて眠りたがるのは情緒の遅れ。そんな読みかじりの言葉が頭をかすめつつも、手は子供のおでこをなでる。子供は目をつむりながらうれしそうににっこりして、憂いはどこかに飛んでいく。

アニメ『平家物語』にみるケアとセラピー

祖父はよく、満州で兵隊をしていた時代のことを幼い私に面白おかしく話してくれた。内容はほとんど覚えていないが、講談のような軽快な語り口が耳に残っている。関東大震災の被災体験を、世紀末サバイバルアクション風に語ることもあった。当時はハラハラしながら聞いていたが、大人になって計算したら、被災当時、祖父は幼児だったことがわかって脱力した。そういえば祖父の葬式の帰り道、他の家族が祖父のほら話の思い出で盛り上がっていた記憶がある。どちらの体験談も、大いに話を盛っていたのだろう。

戦争も震災も、トラウマ必至の凄惨な体験には違いない。それをわざわざ興味をひくようなお話に仕立て、人に聞かせようとするのは、考えてみれば不思議なことだ。とはいえ自分も、死ぬかと思うような出産体験を面白おかしくmixiに書き込んだことがある（あまりに臨場感をこめすぎたせいで、年下の同僚から「子供を産む気が失せた」という率直なコメントが寄せられた）。思えばSNSは、しくじり経験や悲惨な出来事を面白く読ませる語りの宝庫なのだった。

アニメ『平家物語』のケアするヒーロー徳子

しくじり語りの古典といえば、琵琶法師によって語り継がれてきた『平家物語』だ。同作を原典とするテレビアニメーション作品『平家物語』[*1]も、俯瞰の視点で描写される通常の歴史フィクションと異なり、オリジナルキャラである琵琶法師の少女〈びわ〉の視点が導入され、原典の語り芸が活かされている。

『平家物語』が鎌倉時代から日本各地で語り継がれてきた庶民に大人気の一大娯楽コンテンツなのは知っていた。だが、私にはその人気が腑に落ちなかった。ホメーロス「オデュッセイア」のような英雄譚が口承文芸として人気があるのはわかるが、負ける側の話が面白いのだろうか？　強く美しくヒーロー然とした義経が主人公のほうが、よほど盛り上がりそうに思える。大衆は「おごれる者」が自滅するさまを「スカッとジャパン」的に楽しんでいたのだろうか。

確かに平家のメインキャラ平清盛は、原典同様このアニメでも邪悪なジジイとして登場し、裕福な家で優しく文化的に育てられた一門の若者たちを困らせる。だが、アニメ版では彼なりの正義が語られる。

各地で反乱が起こっても収めることもできず、何もできぬ貴族と偉そうにするばかりの坊主が支配する、身分と権威がすべての世を、我らは変えた。息苦しい世界に風穴を開けたのだ。富と武力でな。

『平家物語』第6話

個人の力で旧弊な身分制社会に抗い、自由貿易で金を貯えて貨幣経済を進展させた清盛にとっての正義は、武士らしい忠や孝ではない。「おもしろかろう?」という口癖にみら

*1　底本は古川日出男訳『平家物語』(河出書房新社、2016年)

れるように、身分や宗教的権威をものともしない清盛の行動原理は、「面白い」という自らの快楽だ。欲望のままに力を行使して息苦しい世の中を変えた若い頃の清盛は、確かにヒーローだったのだろう。

ヒーローも老いれば老害となる。力を見せつけようと無駄に敵を増やし、身内をも権勢欲を満たすコマとして扱う清盛に、嫡男の重盛は頭を抱える。アニメ版での重盛は死者の姿が見える目を持つ能力者であり、平家が滅びることを予見している。未来が見える目を持つ琵琶法師の少女びわを屋敷に住まわせたのは、平家を滅亡から救うためだった。

自分の欲望を何よりも優先する父に対し、生真面目で心やさしい重盛は、忠と孝という家父長制下の正義を生きる優秀な武士として描かれる。ところが忠を尽くすべき後白河法皇と孝を尽くすべき父が対立したことで、重盛は引き裂かれてしまう。父に思いとどまってもらうよう神仏に頼るしかなくなり、やがては自ら死を願うまで追い詰められる。強くやさしい重盛も、ヒーローにはなれなかったのだ。びわをやさしく迎え入れた重盛の息子たちも、やさしさゆえに殺すか殺されるかという日々に耐えられず、少しずつ病んでいく。

『平家物語』は、平家の若い武士たちの優雅な日常、そこから蟻地獄のように破滅へと巻き込まれていく彼らの傷つきを丁寧に描きだす。そのなかで、もっとも強く美しいヒーローとして描かれるのは、清盛の娘・徳子である。徳子は身分も定かでないびわをやさしく迎え入れるだけでなく、びわと話すとき、必ず彼女の目線に合わせるようにしゃがみこむ。自然なケアができる女性である徳子は、同時に自分が女であることに絶望している。男の格好をするびわに、徳子は「女なんて」とぼやく。女の自分は兄弟のように自分の力で戦うこともできず、政略結婚の道具になるしかないからだ。

清盛の希望通り、徳子は年下の天皇のもとに嫁ぐ。ところが天皇は美しく賢い徳子に気おくれし、ほかの女性たちとねんごろになってしまう。徳子は徳子で、天皇の兄の以仁王《もちひとおう》を殺した清盛の娘であるという引け目もあり、嫉妬もできない。他者の心情がわかりすぎるほどわかってしまう徳子は、他者の欲望に振り回されるあきらめの果てに、「泥の中でも咲く花」になろうと決意する。

でも私は許すの。父上も上皇様も法皇さまもみんな。
許すだなんて偉そうね。
でも、どちらかがそう思わねば、憎しみ、争うしかない。
でも私は、世界が苦しいだけじゃないって思いたい。

だから私は許して、許して、許すの。

『平家物語』第5話

武家社会では女単体では権力をふるえないから、フィクションで活躍する武家の女性といえば、北条政子のように夫・息子を影で操る存在として描かれることが多い。だが徳子は、そのような活躍の仕方はしない。ケアする者としての責任を引き受けた徳子は、権力者の欲望によってもつれた関係性の綻びを修復するために生きる。愛人のもとに通っていた天皇（のちに上皇）が寝込めば手厚く看病し、老いた法皇の後宮に入れられた異母妹を訪問して慰める。清盛への愚痴が止まらない法皇をなだめるため、（地位の高い女性は通常口にしない）今様を歌ってパーティ好きの法皇を喜ばせる。当時の貴人としては珍しく、息子である安徳天皇を自分の手で世話する。幼い安徳天皇を背負って雨の中を徒歩で落ちのびるときも、お供の者への気遣いを欠かさない。

徳子は、運命や歴史を変えるようなはたらきをするわけではない。しかし平家一門の中で最もヒーロー然として描かれるのも、ケアの倫理を生きる徳子なのである。

「望まぬ運命が不幸とは限りませぬ」「望みすぎて不幸になった者たちを、多く見てまいりました」と語る徳子は、ある面では父の権力欲の犠牲者である。しかし同時に、自分の人生をコントロールできない状況におかれても、ケアに生きることによって尊厳を手放さないという倫理を体現する存在でもある。

原作の大筋は鎌倉時代に成立しているから、男社会に都合のいい女性像でしかないというそしりは免れない。だが徳子を単に運命に流される女性ではなく、自らの倫理を生きる女性として描き直すアニメ版では、ある場面が追加されている。上皇の死後、徳子を法皇に嫁がせようと清盛が提案したとき、徳子は毅然とした態度で父の提案をはねつける。

わたくしをまだ父上の野心の道具になさいますか。

『平家物語』第7話

遺された幼い安徳天皇を一人で守るという責任を引き受けた徳子は、兄・重盛と違い、孝でも忠でもなく、ケアを優先したのである。

アニメのオリジナルキャラであるびわもまた、徳子とは異なる形でケアを行う。徳子の心の動きを物語の中で知るのは、おそらくびわだけである。無力な女であるからこそ安心して法皇が政敵の娘である徳子と打ち解けられるように、徳子は権力関係の外側にいるびわにだけ、本音を打ち明けることができる。折にふれてびわに話を聞いてもらうことで、徳子は苦しみを対象化し、「泥の中でも咲く花」になりたいという今様の歌詞に寄せた自らの物語を組み立てられるようになったのではないだろうか。

異界の者たちに声を与える「多孔的な自己」

見とうない。見ても何もできぬのなら、何も見とうない。

『平家物語』第4話

平家一門の悲惨な未来が見えても、未来に一切関与できないびわは、劇中そのことで苦しみ続ける。やがて、破滅を見届けて琵琶法師として語ることが鎮魂になると悟ったびわは、死者を物語る力によって徳子を救ったあとで視力を失い、『平家物語』を語り継ぐ者となる。生き残った徳子も、死んだ者たちが竜宮にいるという夢物語を語り、落ち込む後白河法皇を慰める。

兵藤裕己『琵琶法師――〝異界〟を語る人びと』（岩波新書、２００９年）によれば、琵琶法師に盲人が多いのは、自己の統一的イメージを視覚的にもたないことにより、自己の輪郭を容易に変化させて異界のものを憑依させることが可能な存在とみられていたからだという。

たとえば、恩赦の舟が俊寛を残して鬼界ヶ島を離れる有名なシーンを描いた第4話。琵琶法師が語る「跡は白浪《しらなみ》ばかりなり」のくだりは、置いてきぼりになった俊寛の目に映る光景である（アニメ版でもびわのこの語りのところで俊寛側の視点に切り替わる）。

このような描写は原作のみならず、アニメ版のあちこちにみられる。海に落ちる寸前の平清経の目に映る鳥と月。平敦盛の目に映る熊谷《くまがい》が振り上げる刀。琵琶法師の語りがたび たび語られる対象に転移するように、アニメの視点も無念の瞬間の登場人物に転移する。視点が登場人物に切り替わるとき、見ている私たちも彼らの無念にたやすく巻き込まれる（教科書で読んだ「泣く泣く首をぞかいてんげる」のくだりが、こんなに悲しい瞬間だったなんて）。おそらく『平家物語』を聴いていたかつての庶民も、同じように涙したのだろう。強く美しいヒーローでもなんでもない自分の、コントロールのきかない人生の無念を物語に託しながら。

琵琶法師は自己の輪郭をもたないことで、異界の者たちに声を与え、聞き手の感情移入を促す。小川公代『ケアの倫理とエンパワメント』では、このような自己のありかたが、チャールズ・テイラーの「多孔的な自己」という用語で説明される。近代的な「自立した個」「緩衝材に覆われた自己」とは異なる「多孔的な自己」とは、精霊や神などの外的世界の侵入を受けやすいゆるやかな輪郭をもった前近代的な自己である。ケアの実践には、このような他者に開かれた存在であることが重要となるという。

親から与えられた名前を捨て、母親とも決別し、視力を失ったびわは、もはや個人としては生きない。そもそも定まった身分を持たない彼女が公達や法皇と親しくなり、その人生を目の当たりにできたのも、人間というより野良猫のような存在だったからだろう。ときおり挟み込まれる白髪となったびわの語りは、その匿名性ゆえに平家一門の無念をいっそうきわだてる。極力アニメーション的誇張を排した作画も、同じ効果をもたらしているように感じられる。

コントロールできない人生とナラティブ・セラピー

自分の経験に意味を与える物語を語るといういとなみを通じてＰＴＳＤなどを治療する心理療法を、ナラティブ・セラピーと呼ぶのだそうだ。ナラティブ・セラピーにおいては、患者が治療者に自分の体験を語ることで、現実をつくりなおしていく。治療者は客観的な現実はないという前提に立ち、なるべく自分の解釈をおさえ、患者の語りを促す。このような対話を通じて、患者はつらさを個人が抱える問題ではなく、社会的なコンテキストのなかでとらえなおすことにより、問題を自分の外側にあるものとしてとらえられるようになるという。

確かに自分ではどうにもならない運命に翻弄されるつらい体験も、自らの視点で語りなおせば主体を取り戻すことができる。それが喜劇であっても、悲劇であっても同じことだ。おそらく祖父も、震災や戦争の体験を自分を主人公として語るとき、一国民として大きな運命に巻き込まれざるをえなかった無力感を払拭し、強キャラとしての自分を作り上げていたのではないだろうか。そして私たちは他者の物語を聞くとき、自分のしくじりやつらい体験も、また物語として見つめなおしている。

有名な怪談『耳なし芳一』（小泉八雲）も、平家の亡霊たちのナラティブ・セラピーの話なのかもしれない。『平家物語』の話なんて、当事者の怨霊たちが一番よく知っていそうなものだけど、わざわざ怨霊たちは琵琶法師を呼びつける。自分たちの失敗の数々を、大きな運命に巻き込まれた致し方のない悲劇として語りなおしてもらうことで、みんなでおいおいと泣くために。

もしかしたら、芳一が和尚の入れ知恵をきかずに一週間『平家物語』を語り続けたら、怨霊たちも「尊すぎて泣けた」「尊死超えて成仏」とすっかり鎮まって、芳一の耳の代わりにサイン入りチェキでももらって、おとなしく帰ってくれたかもしれない。芳一を八つ裂きにするのが目的だったなら、初日にすればよかったのだから。

怨霊なほケアを欲せり。いはんや俗人においてをや。

ぼんやりプリンセスとケアするヒーローのときめきの魔法

映画『金の国　水の国』とことんまりメソッド

無力で従順な美女が富裕男性との結婚によって救われるクラシックなプリンセス物語が、フェミニズムの批判の的になっていたのも今は昔。近年のアニメ映画のプリンセスたちはめっぽう強い。『塔の上のラプンツェル』（２０１０年）のラプンツェルはフライパンで戦うし、『アナと雪の女王』（２０１３年）のエルサは足を踏み下ろすだけで周囲を凍りつかせ、『ザ・スーパーマリオブラザーズ・ムービー』（２０２３年）のピーチ姫は華麗な飛び蹴りを決める。美しいだけではなく、自らの意思と力で運命を切り拓く現代のプリンセスは世界中の女児をエンパワーし、20世紀とは比べものにならないほどの人気を集めている。

プリンセス、そして肉弾戦で戦うプリキュアに囲まれて育った今どきの日本の女の子たちは、ときに伝記や歴史本に「女が少なくてつまらない」と不満を唱えたりする。女というだけで多くの道が閉ざされる男社会を内面化しながら育った我々の世代の女性は、そんな不満を思いつきすらしなかった人が大半だろう。「女の子だって何にでもなれる」と信じながら成長できるなんて、すばらしいことだと心から思う。

とはいえ、美しさと強さと賢さを兼ね備えた新しいプリンセス像を見て、中年である自分が女児と同じようにエンパワーされるかというと、そういうわけでもない。パワーがないことには女児をエンパワーすることができないのだから、ヒロインが高い能力を持っていることに異論があるわけではない。ただ、プリンセスもプリキュアも苦も無く強さと美貌を保っているけれど、現実の女性がそれらを獲得するには絶えざる研鑽が必要であることと、研鑽を重ねてもなお身体的に男性に勝つのは難しいということを、中年はすでに知ってしまっている。そもそも細身の美人であることが前提の物語である。プリンセスのように美しく見えるとされる「シンデレラ体重」はＢＭＩ18だそうだが、おばちゃんとしてはそんな骨密度低そうな体で戦って大丈夫なのかハラハラしてしまう。

自我など持たず、ひたすらすべてを受け容れてケアに徹しろという昔の少女向け物語には、もちろんうんざりしている。さりとて、家庭内ケア労働を抱えながら女子力とスキルアップを怠らず、自我をゴリゴリに確立して能力主義の社会をハードに勝ち抜くのも無理だと思う。主体として生きたいのはやまやまなれど、なるべく誰とも戦わず、面白いもの、愛らしいものを愛でて平和に暮らしたいし、食べたいものを食べて健康を保ちたい。平たく言うと、ぼんやりしたままぼんやり生きたいのだ。そういう腑抜けた人間を癒してくれるのは、ディズニープリンセスでも少年向けバトルマンガでもなくて、岩本ナオの少女マンガなのだった。

ぼんやりプリンセスとケアするヒーロー

岩本ナオの第一作『スケルトン イン ザ クローゼット』(小学館、2005年)の表紙に一目ぼれして衝動買いしてから、我が家には岩本ナオのマンガが全巻そろっている。「スケルトン イン ザ クローゼット」、すなわち「タンスの中のガイコツ」は、「他人に見られたくない子供」を指す言葉だそうだ。その言葉の通り、岩本ナオ作品には出来があまりよくない少年少女がよく登場する。彼らは秘められた能力で敵と戦ったり、コンプレックスを克服して高い能力を得て大成功したりはしない。

自らを他者に開いてゆるく生きている彼らは、互恵的なケアで救われたり、ときめいたりして、関係性のネットワークを常に活性化させている。やがて人間関係の綻びが修復され、作品世界は平和に収まる。障害のある下の子を育てるようになってから、能力ありきの物語より、こういうやさしい世界にいっそうホワホワするようになった。少女マンガにあまり興味のない娘たちも、さんざん読み倒してどの巻もボロボロだ。岩本ナオ作品の初の映像化となるアニメーション映画『金の国　水の国』（２０２３年）も、公開後すぐに娘に観に行こうと誘われた。

『金の国　水の国』の舞台は、百年間国交が断絶し、高い壁に隔てられている架空の二つの国〈金の国・アルハミト〉と〈水の国・バイカリ〉。アルハミトは商業国家で栄えているが水が足りず、バイカリの水を欲している。バイカリは自然が豊かだが、貿易の中継地点であるアルハミトとの国交が閉ざされているため経済的に衰退している。両国は一触即発の関係にあるが、アルハミトの王女サーラとバイカリの技師ナランバヤルが奔走し、戦争をくいとめようとするという物語だ。

サーラはプリンセスだが、強く美しいディズニープリンセスたちとは何もかもが異なって見える。王女といっても王にとっては93番目の末娘で、僻地に追いやられ、誰からも顧みられることはない。政情が不安定でも父王や政敵、姉のプリンセスたちに敵視されることなく、ばあやと二人でのほほんと暮らしていられるのは、「おっとりしすぎて誰の脅威でもない」からだ。サーラは怒ったことさえない。一番プリンセスらしからぬのは、「0・1トンもありそう」と評されるふくよかな見た目である。

サーラの平和な暮らしに変化が訪れたのは、互いの国から一番賢い婿と一番美しい嫁を送り合うという決まりに従い、バイカリの婿を迎え入れることになってからだ。父王の命令でいきなり敵国の男を押し付けられても、サーラはのほほんとしている。バイカリの食べものを想像してわくわくし、誰が来ても大概うまくやっていけるから大丈夫だとばあやを安心させる。だが、アルハミトを敵視するバイカリの族長が婿として送ったのは、「一番賢い若者」ではなく、子犬だった。

このことを父王が知ったら戦争になってしまうかもしれない。子犬も殺されてしまうだろう。平和を愛するサーラは、父王や姉の王女たちをだまし、夫が来たふりをして子犬をそのまま飼うという選択をする。サーラは流されるままにぼんやり生きているようでいて、自分の保身より会ったばかりの小さな命を守らずにはいられないケアラーであることが冒頭でわかる。

バイカリの族長の命令でアルハミトから来た嫁を迎え入れることになったのは、国境近くに住んでいた設計技師のナランバヤルである。国の失策により技師としての仕事を失ったナランバヤルは「大丈夫。俺守備範囲メチャ広だから」と持参金を期待しつつ素直に受け入れるが、アルハミトの王が寄こした「一番美しい娘」の正体は子猫だった。ナランバヤルはさして気に留めることなく、子猫にオドンチメグという名をつけてかわいがる。

子猫を頭に載せて散歩をしていたナランバヤルは、穴に落ちた子犬を涙目で助けようとしているサーラに出会う。サーラは国境の壁の穴を通り抜けてしまった子犬を追って、恐ろしいと聞かされていたバイカリまでやってきたのだった。おいしい昼食を惜し気もなくごちそうしてくれ、子犬や子猫を「家族」と呼び、家族にオドンチメグ（モンゴル語で「星の輝き」）という名前をつける人に悪い人はいないと言うサーラに、ナランバヤルはポーッとする。寡黙で稼ぐ男が良しとされるバイカリでは、弁が立つが仕事のないナランバヤルが高く評価されることはなかったからだ。

それぞれの国では評価されていないが、出会ったばかりの小さき命をケアせずにはいられない二人は、互いに嫁と婿を演じ合うことになる。ナランバヤルは口のうまさで、サーラは動じなさで両国の首長をだましながら、国交復活に向けて動きだす。設計技師にとっては、水路建設という国家事業に関われれば金に困らなくて済むという計算にくわえ、自分を認めてくれるサーラを守りたいという感情も芽生える。反戦派を抑えて戦争をしたいアルハミトの国王はナランバヤルに刺客を放つが、水路を作るという使命を背負ったナランバヤルは生き延びるために逃げ回る。代わりに体を張って刺客たちと戦うのは、反戦派として国王と対立している王女派の護衛ライララたちである。

ときめきへの共感で手を結ぶ反戦派

彼らはなぜ国王にそむき、命を危険にさらしてまで、戦争回避に尽力するのか。目しか見えない黒いベールをまとい、常に厳しい目つきをしているライララが、一度だけ目元をゆるめるシーンがある。それはナランバヤルがアルハミトの建築を高所から見て「金の国だ」「キレイっすね」とライララに話しかけたときのことだった。

ライララを使って戦争回避に動く第一王女レオポルディーネも、幼い頃に「漕がなくても川をのぼる舟」に乗って高所から金色に輝く建築物を眺め、「私の国はどこまでも金色の国なのですわ」と胸をときめかせていた。

これらの建築を手がけた大物建築家アジーズは、古代都市の水路の設計図を持参したナランバヤルに、「建築ってなにかね」と問う。「人が集まる場所」というナランバヤルの答えに満足したアジーズは、すぐに水路建設の公共事業を議会に通そうとする。

アジーズにとって自らの建築とは、千年先までそのきらびやかさで国民をときめかせ、人を集める場所である。だから自分の建築を放置し、バイカリを占領して移り住むなんてとんでもないと考える。ライララもレオポルディーネもアジーズも、金色の建築物にときめいているからこそ戦争回避に動き、一緒にときめいてくれた隣国のナランバヤルに命がけで手を貸そうとする。

一方、アルハミト国王が戦争をしかけようとするのは、国交交渉を行って「腰抜け」と思われることを恐怖しているからだ。彼は強い王として名を残さなくてはいけないというプレッシャーから、心因性の頭痛に悩まされている。彼は強い自己を周囲に示すために大量の人・モノに囲まれているのに、何にもときめくことがない（末娘のサーラにも、子犬を平気で殺す人物だと思われている）。傍若無人にふるまって妻にも王女たちにも嫌われた彼が唯一心を開いているのは、祈禱師の右大臣だ。人を払い、王冠も王衣も脱ぎ捨て下着姿になって右大臣にマッサージを受けているときだけ、王は自分の不安をさらけ出し、頭痛から逃れることができる。人前に出ているときの王は不安を押し殺し、「何も恐れず何物にも心を動かされることのないマッチョな自己」であろうとする。それは小川公代『ケアの倫理とエンパワメント』で論じられている、他者に開かれていない「緩衝材に覆われた自己」のようにみえる。

アイデンティティの流動化をもたらす片づけの魔法

大量のモノを所有している「緩衝材に覆われた自己」が、モノと対話する「多孔的な自己」に変化する。その過程をドラマティックに見せてくれるのが、「こんまり」こと片づけコンサルタント近藤麻理恵によるNetflixの番組『KonMari～人生がときめく片づけの魔法～』である。番組で訪れるどの家庭においても、真っ先に片付けの対象となるのは、衣類、それから本だ。どちらも「なりたい自己」「見せたい自己」「本来こうであると認識している自己」等、社会と対峙する自己を覆う緩衝材としてはたらくモノである。たとえばある女性は、「痩せた〈本来の自分〉になったら着られる服」を長年手放せないでいる。

こんまりの片づけは、大量のモノに覆い尽くされたクライアントの家に「お辞儀」をするところから始まる。本の取捨選択をする際は、まず本の山をとんとん叩いて「起こす」。こんまりは家も本も衣類も、所有物ではなく生命を持った存在として扱う。それから、身体の中心にモノを当てるジェスチャーをする。彼女は取捨選択に大事なのは、モノを手に持ったときに身体が「ときめく」かどうかだとクライアントに語る。頭では「もったいない」「もう古い」と思っていても、体と心は「答えを知っている」からだ。

「ときめく」という言葉は一般に、女性的なものとして了解されている。自己の外部にたやすく感情を動かされる状況は、自己を確立せよというプレッシャーのかかる男性には似つかわしくないものとされているためだろう。だがこの番組では、男性も「ときめく」ことが要請される。ときめきがわからない読書家の男性には、高校時代の愛読書を手に持たせ、その感覚が「ときめき」だと教える。このとき、自己は単なる家やモノの所有者ではなく、家やモノからの影響を強く受ける「多孔的な自己」となる。

モノとの対話によって、確立したはずのアイデンティティが流動的になる。さらにモノ（＝混沌とした自己の緩衝材）を整理することにより、アイデンティティは再び統合される。だいたいどの回においても、最終的にクライアントたちは涙を流しながら、本当に大切なものに気が付いたと語るのが定番だ。自分の感情を見えなくする余計な緩衝材を捨て、家にときめくようになった彼らは、家族の関係性やワークライフバランスを改善させ、人生そのものをときめかせる。

こんまりが自身のアイデンティティをも流動的なものだととらえているのは、最近のニュースからも明らかだ。彼女が第3子の誕生を機に「今、私にとって大切なのは、家で子どもたちと楽しく過ごすことだと実感して」おり、自身のアイデンティティである完璧な片づけについて「ちょっとあきらめ」たと発言した[*1]ことで、アメリカでは大論争が巻き起こっているという。

＊1　「片付けの女王、こんまりこと近藤麻理恵さんが育児理由に「完璧な片付けを諦めた」!? 欧米で次々と後追い記事が出る影響力に驚き」（週刊女性PRIME）2023年1月31日, https://www.jprime.jp/articles/-/26712

「逃げ腰」のヒーロー像

アルハミト国王の「緩衝材に覆われた自己」は最終的に、彼の強さを礼賛するナランバヤルの雄弁さによって隙間が生まれ、所有物でしかなかった末娘サーラのある一言によって解きほぐされる。二人の言葉にときめいた彼は家族にすら嫌われる孤高の王という自己像を捨て、「寛容の王」というアイデンティティを新たにまとう。登場人物は誰も命を落とすことなく、両国に豊かさと平和がもたらされる。この大団円にはサーラや反戦派のときめきパワーはもちろんのこと、ナランバヤルの力が大きく働いていることは疑いない。金も仕事もなく、腕っぷしもからっきしだが、王から剣を向けられても決して戦わず、コミュニケーションによって関係性の綻びを修復しようとする彼は、新しいヒーロー像を体現しているといえる。

小川公代『ケアする惑星』では、19世紀のイギリス小説『ウェイヴァリー』(ウォルター・スコット)の「『逃げ腰』で男らしさが欠如した主人公」エドワードについて、ケアの観点から論じられている。エドワードはイングランドの将校でありながら、「剣を交えることを回避するケアの人」(197頁)なのだという。武力や戦術に秀でているわけではない彼の美点は、「想像力と雄弁さ」、そして女性たちから学んだ「生の傷つきやすさへの深い理解」（２０６頁）である。「寡黙なまま武力や腕っぷしに訴える時代に背を向け、交渉術で他者も自分も傷つけない方法論を編み出した」（２０９頁）エドワードは、メリトクラシー（能力主義）を越えた「ポストメリトクラシー」的な力を標榜していると同書では考察される。この〈ケアするヒーロー〉エドワード評は、ナランバヤル、そして彼に説得されて共闘する左大臣サラディーンにも通じるものだ。

最後まで一滴も血が流れず、誰も犠牲にならない。エンドロールまで、すべての登場人物のときめきが詰まっている。人生にはやっぱり、少女マンガが必要だ。

第3章

家父長制に抗うケア

カルトは家庭の顔をする

『母親になって後悔してる』と映画『ミッドサマー』から考えるカルトへの抗い方

2022年7月8日に安倍元総理大臣銃撃事件が起き、容疑者の生い立ちの一部が報道によって明らかになるなかで、どうしても気になったことがあった。それは、「カルトに全財産をつぎ込んで家庭を壊したとされる容疑者の母親は、いったい何を求めていたのだろう」ということだ。

献金先が旧統一教会（現・世界平和統一家庭連合）であったことも、心がざわめいてしまう理由のひとつである。大学に入学したばかりの頃、統一教会の学生下部組織である原理研究会に勧誘されるがままに、彼らが集団生活をしている一軒家に入り込んだことがあるからだ。当時、彼らがカルトであることはさんざん注意喚起されていたし、私もそれは知っていた。ぼんやり者らしい浅はかな好奇心のなせるわざである。もちろん、期待していたようなお試し宗教体験などできるはずもなく、30万円かかる合宿に参加するよう数時間にわたり勧誘され、生きた心地がしなかった。

その日会ったばかりの人間に大金を払わせようとする組織を、どうすれば信仰する気持ちになれるのだろう。SNSを見ても、カルトの被害者であるにもかかわらず、容疑者の母親に対して共感や同情を寄せる人はあまり見ない。共感が難しい対象だからこそ、行動の理由を少しでも理解してみたかった。

だから容疑者のものと思われるTwitter（現・X）アカウントが発見されたと報じられたときは、まっさきに母親関連の書き込みを探した（※現在アカウントは凍結中）。印象深い書き込みはいくつも見つかった。母親が国公立大学卒で栄養士の資格を持っていること。両親に支配的にふるまう母方の祖父の存在。母親を殴っていた父親の自殺。そして容疑者の子供時代、母親の手料理よりカップラーメンが食べたいとせがみ、根負けした母親に作ってもらったカップラーメンをうまいうまいと言いながら食べたら、それまで見たことないくらいの勢いで母親に「ブチキレ」られたということ。

「子供は栄養バランスに優れた愛情手料理よりもインスタント食品を好む」というのは、現代のSNSでは「子育てあるある」として広く共有されているネタだ。このようなエピソードが拡散されるのは、子供の身もふたもない欲望が、母親は子供のために完璧な食事を作り続けなければならないという母性幻想を吹き飛ばしてくれるからだろう。だが、SNSなどなく、母性幻想に従って「完璧な母」になるよう努力する以外の人生を知りえなかった時代の女性からすれば、人生まるごと否定されたような気持ちになってしまったのかもしれない。とりわけ学校社会のなかで努力が認められ、評価されてきた勤勉で優秀な女性の場合は。

近代化と「家庭のカルト」の誕生

多くの母は、別の、おそらくもっと微妙な問題に苦しめられている。それは、新自由主義と資本主義の「完璧であれ」という精神だ。このモデルによると、「正常な母性」が起こり得る「正常な状況」があり、常にそれらを達成するために努力する必要がある。
　　　　　　オルナ・ドーナト『母親になって後悔してる』269頁

オルナ・ドーナト『母親になって後悔してる』（鹿田昌美訳、新潮社、2022年）によれば、近代以前の西欧社会では、理想とは神の体で表されるものであり、人間には到達不可能なものとして認識されていた。ところが19世紀半ば以降、人間も理想の一部になることが可能であり、そうしなければならないという価値観が生まれたという。

このような価値観を後押ししたものの一つが、19世紀に発達した出版産業だった。1820年〜1860年に出版されたアメリカの女性雑誌などを分析した歴史家のバーバラ・ウェルターは、敬虔、純潔、従順、家庭的という4つの美徳を備えた女性が「真の女性」と見なされ、理想化されていたと指摘する。[*1] 中流以上の白人女性たちは物質的には恵まれていながらも、生物学的に劣っているとされ、政治などの社会活動を大きく制限されていた。家庭に閉じ込められた彼女たちのプライドを満たすために、家庭の神聖化が求められ

＊1　Barbara Welter, "The Cult of True Womanhood: 1820–1860" American Quarterly, XVIII (Summer 1966)

たのだろう。歴史家のアイリーン・クラディターはこのような理想への崇拝を、「家庭のカルト（cult of domesticity）」と呼んだ。

かつては到達できなかった理想が、現在では達成可能と見なされているわけだ。この変化が示すのは、「正常な条件」下での「正常な母性」の理想に関して、女性は完璧を目指す競争の中で一瞬たりとも休むことができないということだ。なのに、「理想的で正常な」母性は、女性がどれだけ達成しようと努力しても、どれだけ権利を与えられていても、そもそも手の届く範囲にあるとは限らないのである。

『母親になって後悔してる』269-270頁

裕福な家庭に育ち、知的能力が高い女性であれば、競争を勝ち抜いていい大学に入り、良妻賢母となるにふさわしい教養を身に付けるのは、自らの努力次第で達成できることだろう。だが、ひとたび結婚して学校や会社から離れ、家庭内ケア従事者になれば、自律性は失われ、自助努力ではどうにもならない他者の事情に振り回されることになる。家事育児を完璧にこなしても子供が難病になることもあるし、障害をもって生まれることもある。

夫のストレスのはけ口として殴られることもあるかもしれない。完璧な食事を子供が好まないことは日常茶飯事だ。

「母親が手の込んだ愛情手料理を作れば子供は母親に感謝して素晴らしい子供に育ちます。子供が不良になるのはインスタント食品を与える悪い母親のせいなのです」と社会に繰り返し刷り込まれても、手料理よりもインスタント食品を食べたがる子供はいくらでもいる。家族はそれぞれに個人であって、母親の努力でコントロールしきれるものではないからだ。だが、努力によって周囲から認められてきた優秀な女性ほど、「完璧な母になって夫が出世できるよう支え、資本主義社会に役立つ完璧な子供を育てよ」という社会の期待に応えられなかったときに、絶望を抱えてしまうだろう。

現代社会が「幸福な家庭」をイメージするとき、その空間の中心にはかならず母がある。無私無欲で寛大な慈母が家族を包み込み、他者との緊張関係を一切感じることなく、家族が一つに溶け合うような空間。新自由主義・資本主義における自己改善と競争のプレッシャーが増せば増すほど、そこから逃れられる癒しの場として、家庭と母性はいっそう神聖視される。だが、理想を達成するべく努力と競争を強いられる母を包み込む大きな存在は、家庭内にはない。母親業が神聖視されていなかった中世であれば、家庭や子供から離れて修道院に入るという選択肢もありえたが、現代においてそのような場を作るのは難しい。

それが、カルトにあったとしたら？

映画『ミッドサマー』が描く他者なきカルトの「やさしい」世界

ホラー映画『ミッドサマー』（2019年）に登場する北欧の架空のカルト的共同体「ホルガ村」は、序盤だけをみれば育児に疲れたママが逃げ込みたくなるような、母に優しい世界である。育児は村人全員で行うことになっており、母親が赤ちゃんを置いて巡礼の旅に出ても、誰もとがめない。ホルガ村は疑似家族のような共同体として描かれるが、家族といっても私的領域としての近代家族ではなく、料理や食事も村ぐるみで行う大規模な拡大家族である。

この村に招待されたアメリカの女子大生ダニーは、精神を病んだ妹の言動に振り回された挙句、妹の無理心中で家族全員を亡くしたばかりで、不安定な精神状態にある。ダニーとその仲間たちを故郷の村に誘ったペレは、自分も幼くして両親を失ったから君の気持ちがわかると、ダニーに共感を示す。「でも僕は喪失感とは無縁だった。この地に〈家族〉

がいるからだ。みんなが僕を抱きしめ力づけてくれた。共同体が僕を育てたんだ」。ペレは自分の村を〈本当の家族〉と呼び、ダニーも〈家族〉の一員になれるという。

ダニーとともにこの村にやってきた彼女の恋人を含む3人の男子学生は、資本主義社会に適応した典型的な強者男性である。女性を「孕ませる」道具扱いする性差別的な会話で結束を固めつつも、研究で出し抜こうと互いに競争意識を燃やす。彼らにとって、複雑な内面を抱えるダニーは「面倒くさい女」以上のものではない。うすうすそのことを感づいているダニーの表情には、常におびえがつきまとう。

だが、ホルガ村においては、母親や女性だけが無私を強いられ道具になることはない。個人であることが、誰にも許されていないからだ。女性だけでなく、男性もまた、生殖の道具でしかない。性交から結婚、死にいたるまで、全員が共同体の掟に従わねばならない。その代わり、誰かが嘆けばその場にいる人々が共鳴してくれるから、孤独を感じることはない。自己と他者の境界があいまいな〈家族〉の中に埋没しているかぎり、他者に否定される不安とは無縁でいられるのだ。

ダニーは残酷な儀式の数々を目の当たりにしながらも、最終的に男性との恋愛幻想によって救われようとするのを諦め、カルト的共同体の家族幻想に同化する道を選ぶ。優しい笑顔の村人たちが〈家族〉以外の者にみせる残虐性もおそろしいが、この映画がなによりホラーなのは、カルトに救われるダニーの気持ちがわかってしまうことにある。

母性幻想への執着とカルトへの共鳴

共同体の掟が個人を抑え込む全体主義と、個人を尊重する個人主義。どちらがいいかと問われたら、もちろん自我が強すぎる私は個人主義だと答えるが、それは他者を尊重しなければすぐにつながりが破綻してしまう、不安定な世界を選ぶということである。個人主義をまっとうしながら孤独を避けるには、絶えざる相互ケアが必要だ。自分だけがケアを担当しても孤独になるし、他者だけにケアを押し付ければ嫌われる。そのような不安に耐えるくらいなら、自由がなくてもカルト的共同体のほうがいいという人がいてもおかしくない。それに、母親のみにケアが期待される近代家族においては、相互ケアが可能な関係性を築くこと自体が困難だったりもする。

個人を否定し、共同体への埋没を促すのは、特殊なカルト宗教に限った話でもない。たとえば内閣府のサイトには、「母と子の絆」から始まる共同体の「心の絆」が弱まって「行き過ぎた個人主義」[*2]がはびこっているために、さまざまな問題が起こっているという講演録が掲載されている。産経ニュースは、憲法24条が生んだ「家族を『個人』の集合体と考える」「行き過ぎた個人主義」[*3]が、少子化につながっていると説く。

福岡県の教職員組合「福岡教育連盟」は、サイト上に「言葉遣い、権利、個人主義の暴走に危機感を」と題したコラムを掲載した。内容は、2016年に話題になった匿名ブログ「保育園落ちた、日本死ね」をやり玉にあげ、職を失いそうな母親の切実な訴えを、「権利に対する過激な主張や個人主義が蔓延するような社会の風潮に違和感を覚える」[*4]と高みから切り捨てるものだ。

＊2　「平成21年度子育てを支える「家族・地域のきずな」フォーラム講演録・議事録」全国大会福井 講演テーマ　みんなで心の絆をむすび直そう　講師　小林登 https://www8.cao.go.jp/shoushi/shoushika/family/forum/h21/fukui/lecture.html)

＊3　「日本の少子化は「人災」だった（下）　戦後70年、いまだGHQの呪縛　戦前は近隣諸国との出生率競争」産経ニュース　2016年2月21日
https://www.sankei.com/article/20160221-OC5JOSZ4HVKLVJVJI6TA5BSOOE/

＊4　https://www.fenet.or.jp/opinion/id/94

一番あからさまなのは、統一教会の教祖が設立し、岸信介ら保守系政治家が所属したことで知られる政治団体「国際勝共連合」だ。彼らは公式サイトのトップで堂々と「行き過ぎた個人主義によって日本が国内から崩れようとしています」[*5]と個人主義の脅威を煽る。同連合によれば、「個人主義をことさらに強調し、伝統的な家族制度を否定する思想が広がりつつ」[*6]あるのが、日本崩壊の原因であるという。

「過激な」「行き過ぎた」といったネガティブな修飾語をつけながら、保守系団体、メディア、政治家は「個人主義」を敵視する。悪しき個人主義に対置されるのは、家族、特に母親の無私の奉仕である。個人主義を疎んじる背景には、「個」を捨てた母親にケアを一方的に担ってもらいたいという欲望があるのだろう。さらにいえば、その欲望の根源にあるのは、他人が他人であることが怖いというおびえなのかもしれない。

自分とは異なる意見を持つ他人が怖いから、自分を全面的に受け入れ、ケアする母のいる〈家族〉がほしい、そのためなら他者の「個」を奪ってもかまわないと考える人々が保守政党の勢力を拡大させ、権力を得た保守政治家たちはカルトの教義と共鳴し、政策で「個」を抑え込もうとする。権力のお墨付きを得たカルトは温かい〈家族〉の顔をして、「個」を否定されて孤独を抱え込む人々からお金を吸い上げ、ますます肥え太るだろう。

あまりにも劇的で悲惨な事件を目の当たりにすると、どこかにいる優秀なヒーローが悪のカルトを倒して正常な社会に戻してくれることを、つい夢見たくなる。だが、個人として生きることを否定する価値観を注意深く遠ざけ、ケアの責任を誰かに偏らせることなく、個人がつながる方法を模索することでしか、あのような悲劇を防ぐことはできないのではないか。夏休み中の子供たちに食事を用意する面倒に黙って耐える代わりに、どうしても食べたいというインスタント麺を小学生に作らせてみるというような、どうということのない日々の営みもまた、カルトに取り込まれない戦い方のひとつだと私は信じている。

＊5　https://www.ifvoc.org/
＊6　https://www.ifvoc.org/threat/

ドキュメンタリー『教えて?ネコのココロ』から考えるネコと家父長制

SNSに流れてくる猫の動画を見るのが好きだ。でも、積極的に猫を飼おうと思ったことはなかった。より正確に言えば、商品として並んだ猫のなかから一番かわいい猫を選んで飼うようなことはしたくないが、なぜか自分を気に入って家までついてくる野良猫(黒猫が望ましい)、もしくは、たまたまカラスに襲われている場面に出くわした生まれたての子猫を保護するのはやぶさかではない、という節度ある態度を保って猫の動画に臨んでいた。マッチングアプリを使ってまで婚活したくはないが、偶然出会った運命の人とならば結婚したい、という感情に似ているかもしれない。夢見がちすぎて、逆に猫を飼えないというジレンマ。ロマンティック・ラブ・イデオロギーならぬ、ロマンティック・猫・イデオロギーである。

だが今、私のひざの上には猫がいる。運命の野良猫ではない。近所の動物病院に併設された保護猫カフェからもらいうけてきた猫である。飼い始めて3年。もうすぐ3歳半になる。

きっかけは、次女が幼い頃から肌身離さず大事にしていた「こねこのぴっち」のぬいぐるみをバスに置き忘れたことだった（本書「あとがきにかえて」参照）。泣いてどうにもならない次女を慰めようと、私は「本物の猫を飼うのもありかもね？」と口をすべらせた。ぴっちにしか心を開いていなかった次女は、もちろん首を縦にふらず、この話はそのまま終わった……はずだった。

翌朝、長女がリビングをせっせと掃除している。えらいね、と声をかけると「猫を飼うからきれいにしとかないと」という返事が返ってきた。

一度火が付いた長女の猫欲はとどまるところを知らなかった。長女の本気度を確かめるさまざまなやりとりを経て、子供たちを連れて保護猫カフェに向かったのは1か月後のこと。ちょうどぴっちと同じ、黒白の子猫たちがいた。長女はもちろん、「ぴっちしか勝たん」はずの次女もメロメロになった。オスとメスのきょうだいで、オスのほうはすでに引き取り先が決まっているという。これはこれで、運命なのかもしれない。

こうして、生後3か月のメスの子猫が我が家にやってきた。ミルクボランティアに大切に育てられた子猫は、初日から人間に慣れきっていた。さっそく子猫をひざにのせると、振動を伴ったモーター音らしき物音がする。

「なんか機械音が聞こえない？」

「お母さん、これはゴロゴロだよ」

「猫って本当にゴロゴロいうんだ……」

これまでの人生で猫に心を許されたことがなかったから、猫がのどを鳴らす音を聞いたことがなかったのである。こんなにも何も知らない人間が飼い主になって、うっかり死なせずに飼えるのだろうか、と不安になったのを覚えている。

人間を手なずける猫

最近、猫と人間の関係性を歴史、生物学、心理学の観点から考察するNetflixのドキュメンタリー『教えて？ネコのココロ』（2022年）を視聴した。同番組によれば、猫がのどを鳴らすゴロゴロ音の周波数は、人間の赤ん坊が泣くときの周波数（400〜600ヘルツ）と一致しているのだそうだ。人が猫を飼いならして家畜化したというよりは、猫自身が自らの意思で人間に近づき、人間がケアをせずにはいられないような生きものとして進化したということらしい。我が家に来た猫が生き延びているのも、ゴロゴロ音で我々が手なずけられた結果なのか。

とはいえ、人間の赤ちゃんと比較すれば、猫は圧倒的に手がかからない。お風呂にいれなくても自分で身づくろいできるから不潔にならず、トイレトレーニングもすぐ終わり、三食カリカリでも健康でいられる。スイミングや体操教室に通わせなくても完璧な身体能力を維持できるし、計算ドリルを解かせる必要もない。計算ができなくても、セミやハエを空中キャッチするのになんの不都合もないからだ。むしろキャッチできなくてもいい。猫は猫であるだけで価値があるとされ、ドジ猫のほうが動画の再生数もアップする。

『教えて？ネコのココロ』によれば、世界でもっとも視聴されているのは猫の動画（250億回）であるという。猫の動画が人間のポジティブな感情をかきたて、ドーパミンの分泌をうながすことが研究で示されているのだとか。ケアが最小で済むのに見返りは大きい。猫が人気なのもうなずける。

ペットブームと家族観の変化

かつては犬が主流だったペットに猫が増えた理由を、日本人の家族観の変化から考察しているのが、生田武志『いのちへの礼儀――国家・資本・家族の変容と動物たち』(筑摩書房、2019年)だ。高度成長期以降、会社人間の父親とケアを一手に担う専業主婦の母親、学校(と塾)で勉強に励む子供たちという家庭が増えてくると、かつて「家業」を共同で担っていた家族のつながりは不安定になる。共同作業がなければ「愛情」という不確かなものでつながるしかないからだ。そんなこんなで「家庭の崩壊」が問題視されるようになった80年代、ペットに占める犬の割合が五割から六割弱まで急増したそうだ。

著者はこの理由を、南極の生き残り犬を描いて日本映画歴代興行収入1位(当時)を記録した大ヒット映画『南極物語』の事例をひきながら分析する。南極に一年間置き去りにされても再会した隊員のもとに駆けつけるほど飼い主に忠実で、自分のほうから離れることはない犬が、「家族以上に家族らしい」存在として必要とされたのだという。

確かに80年代のことを思い返してみると、女は男に従うべし、子供は親に従うべしという家父長制的な規範はまだまだ根強かった。だが実際の家庭はといえば、父親は不在がちで母親がべったりと子供の世話を焼き、子供はそんな母親をうっとうしがる……といった家庭が多かったように思う。「私」のかけがえのなさを保証してくれる「家族愛」が理想化されながらも、愛情の維持には相互ケアが必要であるという概念は乏しかった。

「亭主元気で留守がいい」というキンチョウのテレビCMが流行したのは1986年のこと。このフレーズは、建前では夫を「亭主（＝家の主人）」として立ててケアをしなくてはいけないが、一方的なケアは面倒なのでいないほうが気楽であるという家父長制下の女性の本音が大っぴらに共感を集めるようになった時代情勢をあらわしている。女・子供が理想通り従順ではないことへのフラストレーションが、犬に向かったのだろうか。ちなみに猫がペットに占める割合は、1990年の時点で26・1％にすぎない。

ところが2017年、ペットの猫の数が犬の数を上回る。著者は要因として、都市化の影響、共働き家庭・ひとり親家庭・高齢世帯の増加に並んで、「家族」の流動化を挙げる。家族が家長に従属して強い「絆」で結ばれるのが正しい家庭であるという理想が薄れ、個を尊重してゆるやかにつながりあう家庭が望ましいという価値観が主流となった時代に、「飼い主に媚びず単独生活する猫」がぴったりはまったようなのだ。

我が家の猫も御多分にもれず気まぐれだが、かまってほしいときはゴロゴロ音を出して近づいてきて、なでるとゴロゴロ音がさらに大きくなる。人間の報酬系をハックする能力の高さに、いつもほれぼれしてしまう。猫は持続的でゆるい双方向のケアが求められる時代にふさわしいペットなのかもしれない。

ちなみに、内閣府が実施する世論調査で「選択的夫婦別姓制度の導入に向けた法改正」について賛成が反対を初めて上回ったのは、2018年のことである。猫がペット界を制した時期とほぼ同じだ。

家父長制へのアンチとしての猫

猫は家父長制のアンチなのだろうか。

『教えて?ネコのココロ』では、そんな想像を裏づけるような歴史も紹介されている。ヨーロッパで行われた魔女狩りだ。イーヴァマリア・ギーグル博士によれば、「魔女」とされていた女性たちは「自然のことをよく知っている賢い女性」のことだったという。家を清潔に保つことが健康につながると知っていた彼女たちは、いつもホウキで掃除をし、猫を飼ってネズミを駆除させていた。しかし男性が支配するカトリックが権力を握ると、一人でも生きていける伝承知を備えた女性は「魔女」として迫害され、そのような女性の使いとみられた猫も大量に虐殺されるようになったという。

歴史家ロバート・ダーントンによる『猫の大虐殺』(海保眞夫・鷲見洋一訳、岩波現代文庫、2007年)にも、近世初期のヨーロッパで猫の虐待が広く流行していたことが記されている。猫が崇められている現代のネット環境に慣れ親しんでいると、このような史実は呑み込みづらい。猫は少しずつ時間をかけて、ゴロゴロ音を発しながら家父長制と集団妄想にとらわれた凶暴な人間たちを手なずけてきたのだろう。

とある犬派のコラムニストは、「風変わりな執着心があって奇妙なことに関心を持ち、社交性の薄い不可解な引きこもりの個体」[*1]と猫を形容する。これは猫を不気味がっていた人々の気持ちを代弁したものかもしれない。

そういえば、と思うことがある。次女のために猫の児童書を探そうと思っても、擬人化された物語はともかく、ペットとしての猫のノンフィクション児童書は犬に比べると圧倒的に少ないのだ。犬と違って「社交性の薄い不可解な引きこもりの個体」である猫は、け

*1　CNN.co.jp「インターネットに猫ばかり氾濫する理由」https://www.cnn.co.jp/tech/35062887-3.html

なげさに欠け、物語性が薄いと考えられているのかもしれない。
逆に俳句は猫の天下である。猫関連の季語は多く、猫限定の俳句コンテストも存在する。自然を観察して写生することが重視される俳句の世界では、野生に近く謎めいている猫は、格好の素材なのだろう。「またうどな犬ふみつけて猫の恋」（芭蕉）のように、俳句の中の犬は発情した猫に踏みつけられる存在なのだ。
『教えて？ネコのココロ』に登場する東京猫医療センター院長の服部幸《ゆき》氏は、犬と猫の違いを端的に表現する。

犬は飼い主さんのことを神様だと思っている。猫は自分が神様だと思っている。

猫に手なずけられ、「猫は猫であるだけですばらしい」と猫に神性を見出すようになった私たちはその実、「私が私であるだけですばらしい」という自己肯定感も同時にはぐくんでいるのかもしれない。誰もがそう思えるようになれば、誰のことも従属させずに済むだろう。ということは、最終的に家父長制を解体するのは猫なのだろうか。などとロマンティック・猫・イデオロジストは夢見がちなことを思ってしまう。

万国の「風変わりな執着心があって奇妙なことに関心を持ち、社交性の薄い不可解な引きこもりの個体」よ、団結せよ。

家父長制の国のハロウィン

暴動からボン・ジョヴィへ

約20年前のある日、仕事帰りに最寄り駅を出ると、町は青いシャツを着たうかれた若者たちで埋め尽くされていた。２００２年6月14日、日韓共催ワールドカップで日本が初めて決勝トーナメント進出を決めた日だった。職場でも大騒ぎだったから、それがすごいことらしいのはふんわり知っていた。だが、平凡な商店街までお祭り騒ぎになるとは思わなかった。いずれにしろ、サッカーについて何も知らない私には無縁な話だ。すでにあたりは暗い。早く帰ってご飯を食べたい一心でそそくさと喧噪の中を通り抜けようとすると、屋台にいた若者グループの一人に「お姉さん！　今日はめでたいからおごってあげる！」

と呼び止められた。サッカー話がわからなくても、タダ飯がついてくるなら話は別なのだった。

屋台でご飯をほおばりながら彼らのサッカー談義に「スゴイっすね〜」と適当に相槌をうち、オオ〜オオオ〜オオ〜とうろおぼえのサッカー応援歌を一緒に歌い、手を差し出されたらとりあえずハイタッチをする。私のサッカー観がいくらぼんやりしていようが、誰も気にしていない。何しろみんなうかれているのだ。

自分が何者であるかを一切問われず、ただ周囲と一緒に一つの話題でうかれてさえいればいい空間は、思いのほか愉快だった。自他境界がどろどろに溶け、自分も最初からサッカーファンだったような気さえしてくる。町がむやみにうかれている状況もそうだが、人見知りの自分が陽キャの集団に混じって一緒にうかれられるということにも驚いた。それまでの人生で、ハイタッチなどしたことがあっただろうか。少なくとも親戚の集いや職場の飲み会では無理だ。キャラが違いすぎて、盛り上がる前におびえられそう。

渋谷ハロウィンの功罪

いつの頃からか、ハロウィンになるとコスプレをした大量の若者たちが渋谷に集まるようになった。佐々木隆「渋谷のハロウィンとスクランブル交差点」[*1]によれば、渋谷のスクランブル交差点が若者の集う祝祭の場として象徴的な役割を果たすようになったのは、2002年のワールドカップが起点だという。この時期、スポーツカフェやスポーツバーが続々と渋谷にオープンし、日本代表の試合があるたびにサポーターたちが集うようになった。試合後に店から出てきた彼らは、勝利を祝ってそこかしこでハイタッチをする。こうした光景がメディアで報道され、うかれスポットとしてのスクランブル交差点が全国的に印象付けられたようだ。2002年という年は、路上に群れ集って知らない人々とうかれる楽しさに若者たちが目覚めた年だったのかもしれない。

やがて大晦日のカウントダウンに自然に人が集まるようになり、2016年に実行委員会が組織されてからは年越しカウントダウンは渋谷の恒例行事となった。さらにハロウィン市場が2015年以降拡大すると、スクランブル交差点はハロウィンの場としても認識されるようになる。渋谷区観光協会は、ハロウィンに仮装した若者たちが渋谷に集まるようになったのは２０１４年〜２０１６年頃からだとインタビューで語っている。[*2] ＳＮＳの浸透や、メルカリなどのフリマサイトで衣装を安く購入しやすくなったことも、ハロウィン拡大化に拍車をかけたようだ。

渋谷のハロウィンが盛り上がる一方で、若者たちが騒ぐ様子を快く思わない人も多い。２０１８年には軽トラックを横転させるなどの暴徒化がみられたほか、器物破損、痴漢、窃盗などの犯罪行為が相次いだことが報じられた。路上飲酒禁止や酒類販売自粛の要請によって暴徒化は落ち着いたものの、警備費の増大や大量のゴミの散乱、地元の負担が大きいわりに地元店舗の売り上げにつながらないことなど、課題は山盛りだ。[*3]

＊1　佐々木隆「渋谷のハロウィンとスクランブル交差点」https://researchmap.jp/read0039201/misc/16053627

＊2　「毎年熱狂する〝渋谷のハロウィン〟への本音とは？渋谷区観光協会に聞いた」ウォーカープラス、２０１８年10月27日, https://www.walkerplus.com/article/167269/

＊3　２０２３年９月、渋谷区の長谷川健区長が会見を開き、「ハロウィーン目的で渋谷駅周辺に来ないでほしい」「昨年の韓国・ソウルと同様の事故が起きてもおかしくない」と自粛を呼びかけた（「『ハロウィーン目的で渋谷駅周辺に来ないで』区長が呼びかけ」ＮＨＫ、２０２３年９月12日, https://www3.nhk.or.jp/news/html/20230912/k10014192921000.html）。当日は厳戒態勢が敷かれ、往時の盛り上がりはなかったという。

そして2022年、渋谷と同じように若者たちが集まる韓国・梨泰院《イテウォン》のハロウィンで、人並みに押しつぶされて150人以上の若者が亡くなる凄惨な事故が起きた。多くの日本人が隣国の惨事を悲しみ、哀悼の意を示すなかで、「そんなところに行くのが悪い」「自業自得」といった心無い投稿もいくつか目にした。これも渋谷ハロウィン的なものを嫌う人が多いせいだろう。

2002年のワールドカップフィーバーに図らずも便乗した身としては、人の顔がはっきり見えないたそがれどきに、いつもと違う自分になって見知らぬ人々とうかれたくなる気持ちはよくわかる。ただ、入場制限もない場に人が密集しすぎるのは、どんなイベントであれ危険と隣り合わせだ。若者たちが一か所に集結しすぎることなく、それぞれの地元で仮装パーティを楽しめれば、ハロウィンにまつわる問題のいくつかは解決するのだろう。とはいえ現状の日本では、若者が地元で渋谷ハロウィンのように楽しむのは難しいかもしれない。地域のイベントは、若者にはツラすぎるのだ。

若者の生気を奪う地域のお祭り

数年前、地域行事の手伝いにPTAとして参加した。召集場所の小学校の体育館に行ってみると、PTAの母親たちのほか、近所の公立中学生数名が休日をつぶされたウンザリ感を漂わせながら集まっていた。地域行事の労働力として中学生まで動員されるようになったのは、2006年の教育基本法改正で「学校、家庭及び地域住民等の相互の連携協力」の条文が新設されたことも関係しているのだろう。小学生と違い、内申点に縛られている中学生は休日でも逃げられない。

町内会の偉い人らしい中高年男性が、ジャージ姿の中学生たちを指さしてこう告げた。「お母さん方！　彼らはまじめですからこき使ってください！」。勝手にオッサンの所有物扱いされた中学生の目から、みるみる光が失われていくのがわかった。中学生と同じくこき使われる立場なのに、こき使う抑圧者扱いされた母親たちの間にも不穏な空気が漂う。準備段階ですでに祭りの雰囲気じゃない。

我々はスーパーボールすくいとヨーヨー釣りのみで構成された縁日のセッティングから運営までをすべて任された。町内会の偉い人は監視のみで、実労働はしないようだ。保育園の保護者会役員時代に経験したからやり方は知っているが、保育園児ならともかく、こんなしょぼい縁日にゲームの楽しさを覚えた小学生が集まるだろうか。しかも保育園の祭はタダで遊べるが、こちらはお金を取るのだ。果たして、開始時間から30分以上過ぎても人っ子一人来ない。いったいこれは誰のための行事なのだろう。母親たちは監視の目を盗んで愚痴りだした。かわいそうなのはPTA役員の女性で、この日のために平日を何日もつぶして講習を受けさせられたという。

母親たちが我が子を呼び寄せて必死に集客したものの、午前を通してお客は延べ15名ほど。わずかな売り上げを男性に渡すと、男性はお礼だと言って我々にビニール袋にパンの切れ端をいくつか入れた鯉のエサのようなものを渡した。地元商店街のパン屋のパンを細かく切り分けたものらしい。どうせならまるごとくれればいいのに……などと文句を言う気力のある者はひとりもいなかった。我々は無言で鯉のエサのようなものを受け取り、肩にあきらめと疲労を降り積もらせながら散り散りに帰路についた。

家父長制の国の地域行事は、うかれるどころか若い人間の生気を奪う負のアウラに満ちている。というと、何を大げさな、と思われるかもしれない。だが実際、あらゆる決定権を地域の有力高齢男性が握っていて、売り上げや行政からの補助金がどのように使われているのか、無償の労働力として動員される我々には何も知らされない。子供や母親が意見を言う場もない。というより、意見を聞こうという発想すらない。地域行事に子供や母親を強制的に動員すること自体、保守政治家の思惑によるものだからだ。

子供たちにかかる「地域の絆」圧力

2012年以降、自民党の全面推進のもと各地の自治体で制定され、現在は旧統一教会との関連が取りざたされている「家庭教育支援条例」には、地域行事の項目がある。地域行事に子供を巻き込んで、「健全」に育成することが、地域住民の役割として定められているのだ。

（地域の役割）
第8条　地域住民は、基本理念にのっとり、互いに協力し、家庭教育を行うのに良好な地域環境の整備に努めるとともに、地域における歴史、伝統、文化及び行事等を通じ、子どもの健全な育成に努めるものとする。

「くまもと家庭教育支援条例」より一部抜粋

右記の家庭教育支援条例は、家庭ではぐくむべき「他人に対する思いやりや善悪の判断などの基本的な倫理観」などが「家庭の教育力の低下」によって子供たちから失われていることから、地域ぐるみで子供たちの「健やかな成長」を支えることを目的としている（どの家庭教育支援条例にも似たような文言があるはずだ）。

つまり、親も子供もダメになっているという前提のもとに地域行事に動員しているのだから、対等な存在として扱うつもりはもとよりないのだろう。

公教育も、こうした価値観を後押しする。現行の小学校3・4年生の社会科には、「地域の人々が受け継いできた文化財や年中行事」（学習指導要領）を教える単元がある。たとえば我が子が受けた教科書準拠のカラーテストの問題は、このようなものだった。

地いきの古いもので、のこしたいもの・つたえたいものとして正しいものを2つえらび、○をつけましょう。

ア　古くからつたわるげいのうとはべつに、一人で考えてつくりだしたもの。
イ　昔の人や今も受けついでいる人のねがいがこめられているもの。
ウ　まちにつくられているさまざまなたて物の中で、人がくらしていないもの。
エ　昔から、人々の楽しみだったり、地いきのむすびつきを強めたりする大切なもの

地いきの祭りについて正しいものを2つえらび、○をつけましょう。

ア　祭りにさんかすることで、人々は元気になることができる。
イ　祭りは、人々が何もしなくても、昔からつづいてきた。
ウ　祭りを通して、地いきの人々のむすびつきはつよまっていく。
エ　祭りに出るのはげきだんの人たちで、地いきの人々は見るだけだ。

教科書を読めば、最初の問題の答えはイ・エ、次の問題の答えはア・ウであることはすぐに導ける。だが、個人の価値観の正誤を問うような問題は、どうもすっきりしない。「一人で考えてつくりだしたもの」を、残したり伝えたりしたいと思ってはダメなのだろうか。

祭りに参加して元気にならないのは間違いないのだろうか。願いが込められていたら動物を虐待したり差別的だったりする祭りでも残さなければならないのだろうか。自分の子供時代をふりかえっても、このような社会なのか道徳なのかわからないテストを受けた覚えはない。保守政治家と結託した宗教右派による、「伝統を受け継げ」「地域と結びつけ」という子供への家父長制圧力をひしひしと感じる。

このような圧にさらされた小中学生たちが若者になったら、地元のイベントなんか見向きもしなくなるのは当然だ。確かに前近代において、祭りは地縁・血縁を中心とした共同体の一員としてのアイデンティティを与える装置として機能してきた。しかしメディア（特にSNS）を通じて多様な娯楽を知った現代の若者が、退屈な行事で地域共同体に帰属意識を持つのは難しい。うかれたくなったら、学校・家庭・地域の三位一体で押し付けられる家父長制から抜け出し、おじさん・おばさんのいない都会の路上に集まるしかない。渋谷のハロウィンが流行るわけである。

祝祭を求める若者たち

若者は祝祭が好きだ。だがそれは、伝統を守りたいからでも、保守層にとって安心な「健全」な若者になりたいからでもない。近代社会で個人として生きる上で、他者が自分とは異なる個人として存在することの恐怖からひと時でも逃れ、他者との一体感を感じたいからだ。保守層が若年層を伝統に染めたがるのも、ネット等を通じてわけのわからない価値観を身につけているらしき若年層への恐怖が根底にあるのだろうから、動機としては似通っている。

地域共同体の中では、若年層は有力者に逆らうことは許されず、「伝統」に従属することでしか一体になれない。だがサッカー代表戦やハロウィンなどのイベントでは、個を殺す必要はない。薄暗がりの路上で同じユニフォームを着たり、仮装をしたりするだけで、何一つ強制されることなく一つになれる。

普段の私たちは、路上で声をかけてきた他人と気軽に交流することはない。宗教やマルチの勧誘、悪質なナンパかもしれないし、素直についていって被害に遭えば自己責任を問われるだろう。だが渋谷のハロウィンには、仮装をした者同士気軽に声をかけあって、一緒に写真を撮ったりするような開放的な雰囲気があるのだという。普段の自分を知っている者の少ない場なら、共同体に規定された窮屈な自己から、仮装によって逃れることもできる。

小川公代『ケアの倫理とエンパワメント』の言葉を借りれば、ハロウィンによって若者は近代的な「緩衝材に覆われた自己」ではない、近代以前の「多孔的な自己」になれると言えるかもしれない。「多孔的な自己」においては、身を守るために築いた壁にたくさんの穴が空き、他者が入り込みやすくなる。群集がいっせいにうかれて多孔的になる場は、強制力のないゆるやかな相互ケアの実践を容易にする。ワールドカップのときの私が見ず知らずの人からおごりというケアを受け、他者の喜びに共感するというケアを返したように。

他者と出会う喜びを求めて

岸政彦『断片的なものの社会学』(朝日出版社、2015年)所収の「祝祭とためらい」には、「そんな、壁によって守られ、『個人』として生きることが可能になっている私たちの心は、壁の外の他者に対するいわれのない恐怖によって支配されている」という一節がある。恐怖は他者への攻撃へとたやすく変わる。だからこそ、この社会には「他者と出会うことの喜びを分かち合うこと」が必要なのだと著者は訴える。

こう書くと、いかにもきれいごとで、どうしようもなく青臭いと思われるかもしれない。しかし私たちの社会は、すでにそうした冷笑的な態度が何も意味を持たないような、そうしているうちに手遅れになってしまうような、そんなところにまできている。異なる存在とともに生きることの、そのままの価値を素朴に肯定することが、どうしても必要な状況なのである。

しかし、また同時に、私たちは「他者であること」に対して、そこを土足で荒らすことなく、一歩手前でふみとどまり、立ちすくむ感受性も、どうしても必要なのだ。

『断片的なものの社会学』187-188頁

一体感がほしいからといって、同調圧力や権力を使って強制的に他者の壁をぶちこわせば、それは暴力になってしまう。他者の心に踏み込みすぎることなく、他者との出会いを楽しむこと。仮装やサッカーといったワンクッションをおくことで、内面に深く立ち入るまでもなく相互ケアを楽しめるようなイベントは、まさに現代社会が必要とするものではないだろうか。

とはいえ、都市部のハロウィンは無秩序になりやすく、課題が多いことは先に述べた。密集しすぎて押し合いになったり、犯罪が多発したりすれば、ケアどころではなくなってしまう。渋谷ハロウィン問題に頭を悩ませる渋谷区役所広報コミュニケーション課長の杉山氏は、参加者に期待することは何かと聞かれ、試合後にゴミを拾うサッカー日本代表の日本人サポーターのようになってほしいと答えている。[*4]

想像の共同体を生きるサポーターとフェス参加者の規範意識

サポーターとハロウィンの暴徒は何が違うのか。

2013年のワールドカップ出場決定で渋谷スクランブル交差点にサポーターが殺到して騒動になりかけた際、警視庁機動隊員が「皆さんは12番目の選手。日本代表のようなチームワークでゆっくり進んでください」などと呼びかけてトラブルが未然に防がれたことはよく知られている。

同じように、若者たちの祝祭でありながら、比較的マナーが良く、秩序が保たれている場としてロックフェスが挙げられる。永井純一『ロックフェスの社会学――個人化社会における祝祭をめぐって』(ミネルヴァ書房、2016年)によれば、ロックフェスではオーディエンスが受け身の客ではなくフェスを作り上げる「参加者」として位置づけられることにより、フェスにふさわしい規範が参加者の間で形成されてきたのだという。

強制力のある共同体に属していなくても、集団の各個人に「12番目の選手」「フェス参加者」といったアイデンティティを付与し、彼らを想像上の共同体の一員として扱うのは、秩序を保つうえで有効な手段である。

しかし想像上の共同体を形成するには、集団の同質性が前提となる(ロックフェスの参加者は、一定以上の経済力を持ち合わせたコアな音楽ファンが大半だろう)。渋谷のハロウィンは知識やセンス、経済力等を問わず、良くも悪くも多様な若者たちを吸収してきた

＊4　松井剛編・一橋大学商学部松井ゼミ15期生『ジャパニーズハロウィンの謎 若者はなぜ渋谷だけで馬鹿騒ぎするのか?』、星海社新書、2019年

ことで、ここまで拡大したイベントである。敷居の低い場だから集まってきた人々に、規範を内面化できるような共通のアイデンティティを持たせるのは難しい。アイデンティティ無き群集は、たやすく無秩序に陥ってしまう。地元に迷惑をかけることなく、できれば地元の経済を潤わせながら、多様な人々がゆるやかなケアを楽しめるイベントはないものか。

世代を超えて盛り上がる〈盆ジョヴィ〉

子供たちを楽しませようとあちこちさまよっていた頃、もしかしたらその答えになるかもしれないイベントを経験したことがある。ボン・ジョヴィ盆踊りだ。

中野駅前大盆踊り大会で話題になり、今ではいくつかの町でも行われているというボン・ジョヴィ盆踊り。街中開催ということもあり、参加者は若者が中心だが、ABBAやビージーズなど70年代のディスコミュージックも多く流れるせいか、中高年や老人たちも楽しそうに踊っている。小さな子供たちに、縁日でよく見る光る腕輪をプレゼントしているおじさんもいた。子供たちもうれしそうだ。ボン・ジョヴィ盆踊りの前では、「知らない人からものをもらってはいけません」という壁も吹き飛んでしまうのかもしれない。

再開発地区であるため周囲にたくさんの飲食店があり、どこも混雑していることから、経済効果もあるのだろう。参加者は踊りに忙しく、暴れる人もいない。企画発案者は、意外なことに日本民謡の家元師範である。「文化の継承にこそ、変化は必要」という思いのもと、ボン・ジョヴィ盆踊りを始めたという。

なぜそこで、伝統的な民謡でも最新ヒット曲でもなく、ボン・ジョヴィなのか。この絶妙な古さは、若者がロックに熱狂するという思春期文化が日本で大衆化した時期に関係しているのかもしれない。

高校紛争について調べていたときに気づいたのだが、1970年前後の高校生たちはせいぜいシャンソンやジャズ、クラッシックを静かにたしなむ程度で、若者向け音楽に熱中している姿はみられない(だからこそ、ライブでもフェスでもなく、反戦デモに集まったのかもしれない)。

その後、1975年までに高校進学率は9割以上に伸びる。所属するコミュニティの大人に同一化する選択肢しかなかった一般の少年少女に、自由に自己像を描けるモラトリアム期間が生まれたのだ。理想の自己像は、もはや学生運動には求められない。若者たちは、大人にはわからない文化に浸ることで自身のアイデンティティを形成しようとした。これが若者向け音楽市場が発展する土壌となり、キャッチーなロックやポップスの流行につながったのだろう。1973年の開業当初は地方から集団就職した少年たちの憩いの場として想定されていた「全国勤労青少年会館」が、やがてロックの聖地「中野サンプラザ」として親しまれるようになったのは象徴的だ。

つまり、70年代より古い音楽だと、大多数の若者がノレる音楽ではなくなってしまうのだ。逆に最先端の音楽は素人の踊りとのギャップがありすぎるし、現役の固定ファンがいる音楽では大半が疎外感を抱いてしまう。TikTokでフィンガー5の「学園天国」やa-ha「テイク・オン・ミー」、PUFFY「愛のしるし」といった70年代~90年代のヒット曲で踊る若者が多いのも、同じような理由だろう。

高齢者や中高年にとってはかつての青春の音楽であり、若者にとっては経験したことのない想像上の青春の音楽に合わせて踊るとき、人々は世代を超えて想像上の共同体の一員となる。現代においては、想像上の思春期、いわゆる「終わらない文化祭」こそが、多様な人々を包摂するユートピアになるのかもしれない。それはすでに「失われた楽園」であるから、老若男女の誰もが程よい距離感で盛り上がることができる。

ハロウィンも盆踊りも、あの世とこの世の境界が曖昧になる夏の終わりの暗がりで、人々が多孔的になって死者の魂をもてなすイベントである点で似通っている。ボン・ジョヴィ盆踊りが暴れハロウィンに取って代わる日も近いかもしれない。

主婦バイトが『アダム・スミスの夕食を作ったのは誰か?』を読んだら

仕事が進んでいない状況で余計なことをやるなと怒られそうだから口外できなかったが、5か月前から某フランチャイズ学習塾の採点バイトをやっている。

きっかけは、次女が英語を習いたいと言い出したことだった。面談のとき、私が高校時代に採点バイトをしていたことについて触れると、忙しいときは頼んじゃおうかな、と先生が冗談ぽく口にした。あはいいですよ、と適当に答えたら、しばらくして本当に電話がかかってきた。あくまでお子さんが勉強している週2回の1、2時間だけ。お子さんを見守れるし、送迎もできるから安心でしょう。おしゃべりなASD児の親としては、教室でおとなしくできるかどうか不安でもあったので、引き受けるしかなかった。

本業に差し障らないか気になったが、ブランクが30年以上あるとはいえ経験者だし、最低賃金のバイトだし、大したことはないはず。その見立てが甘かったことは、始めてすぐに気づいた。まず、プリントに描く丸が真円ではないとがめられた。１００点の１００を斜めに書くのもダメ。答えさえあっていればいいゆるい運用で、わからない子にはじっくり数学を教えることができた昔とは明らかに違っていた。少子化で生徒獲得競争が激化しているせいなのか、時給は大して変わらないのに、細かい作業やルールが覚えきれないほど増えている。

まず仕事を始める前に、プリント10枚を30秒台で採点できるようストップウォッチで測って記録しておかなくてはいけない（いまだに達成できない）。１００を描くスピードが少しでも遅いと、すかさずベテランからダメ出しされる。ある日、勉強が苦手な子に解き方を聞かれ、自信がもてるようがんばりを認めながら教えてあげていたら、教えるのは教室長にまかせて採点だけに集中するように指示された。求められているのは、何も考えずに細かいレギュレーションに沿って高速採点するマシーン。その観点からいえば、私はポンコツマシーンでしかないのだった。

確かにポンコツなのは認める。大学時代、試食販売のバイトの事前講習をぼーっと聞いていたら、講師に「あなたみたいに話を聞いていない人間はダメだ」といきなり名指しされたこともある。編集者として就職したての頃は、「面白そうという理由で人を雇うな！」と私を採用した上司が女の先輩に怒られていた。それでも、なぜか補習メインの個人指導塾の先生バイトだけはうまくやれた記憶がある。習い事を詰め込まれてストレスを貯めた低学年のお嬢様には息抜きになるようナゾトレ形式で楽しく国語を教え、生意気盛りの中高一貫男子校生には「先生のおかげで数学が好きになれた！」と感謝され、サッカーのことしか頭にない男子小学生にはサッカーに関する文章を教材に音読と漢字のレッスンをした。本部の覚えもめでたく、いつの間にか責任者として校舎の鍵を託されていた。

仕事が試食販売と編集者しかない世界では生きていけなくても、個人指導塾の先生という仕事さえあればなんとかなりそうな気がした。反抗的な子もおとなしい子もいたが、話を聞けばみんなかわいく思えたし、それぞれに合わせた能力の伸ばしかたを考えるのは本当に楽しかった。

だが今の私は、大学時代よりもはるかに低い時給で、わからなくて困っている児童にすがるような目で見られても、ごめんね、と目で謝ることしかできない。仕方がない、と痛む心に言い聞かせる。得体のしれない主婦バイトが間違いを教えでもしたら、クレームになりかねないのだから。むしろ一介の大学生バイトに校舎を任せていた前世紀の個人指導塾のほうがどうかしていたのだ。

教育をフランチャイズチェーン化するということは、こういうことなのだろう。儲けを最大化するには、安い時給で雇った人間を使ってあらゆる場所に教室を設置し、そのすべてで均質なサービスを提供する必要がある。個人の能力や裁量でサービスの品質が左右されてはならない。したがって末端労働者の私が困っている児童を放置するのは、資本主義的に正しい行為である。

経済学は「愛の節約」を研究する学問になった。社会は利己心で成り立っている。アダム・スミスの見えざる手から経済人は生まれた。愛は私的な領域に追いやられた。社会に漏れださないように、しっかり管理しなくてはならない。

カトリーン・マルサル『アダム・スミスの夕食を作ったのは誰か?』42頁

「経済人」予備軍として扱われる大学生　責任主体とみなされない主婦

それにしても、なぜ主婦とみなされたとたん、大学時代よりも無能な存在として扱われ、社会における裁量がなくなるのか。たまたま読んだカトリーン・マルサル『アダム・スミスの夕食を作ったのは誰か？』（高橋璃子訳、河出書房新社、２０２１年）は、そんな疑問に答えてくれる本だった。

曰く、経済学では自分の利益が最大化するように常に合理的に行動する個人を「経済人」と呼ぶ。経済人がそれぞれ利己的に行動すれば、「見えざる手」によって適切な資源配分が達成され、みんながハッピーになる。経済学はこの「経済人」の集合から市場が成り立っているという前提のもとに、社会をとらえてきた。経済学の父アダム・スミスの有名なフレーズ「我々が食事を手に入れられるのは、肉屋や酒屋やパン屋の善意のおかげではなく、彼らが自分の利益を考えるからである」（『国富論』）にあるとおりだ。

だが、このフレーズには食事にありつくために必要な労働が抜け落ちている。その食事を作ったのは、そもそも誰なのか。食事作りをはじめとする家族をケアする労働は、無償であるがために経済活動とはみなされない。有償の家政婦を雇っていた男性がその家政婦と結婚して主婦にすれば、GDPが下がってしまう。それって何かおかしくない？　同書は人類の半分にあたる女が担ってきた無償のケア労働をないことにする経済学の欠陥を問う。

大学生であった頃、私たちは男であれ女であれ「経済人」予備軍として扱われていた。だからこそ高い時給でそれなりの裁量が許されていたのだと思う。人気講師になれば給料も増える。偏差値の高い大学生たちなら利己心も強いだろうから、放っておいても子供たちに好かれようとし、成績を上げる努力を自然にするはずだ。と本部が考えていたかどうかはわからないが、現場はほぼ放任だった。

だが子供を持って正社員ではなくなった女は、もう「経済人」ではない。無償の愛で家庭に尽くすべき母に、利己心があるはずもないからだ。実際、子持ち女性が家庭より仕事を優先すれば、自分勝手だと後ろ指を指されるだろう。だから、非「経済人」である主婦バイトは金銭インセンティブを与えても仕事の質を上げることはない、とされる。最低賃金で雇い、怠けないようにしっかり管理しなくてはいけない。裁量をもたせるなんてもってのほか。思いやり？　そんなものは自分の家族にでも食わせておけ。

お金の世界と思いやりの世界は切り離され、両者が交わることは許されなかった。そしてお金の世界は、思いやりや共感やケアの概念を失った。経済の話をするときに思いやりを考慮する人はいなくなった。おそらくそのせいで、現代の女性は男性よりもずっと低い経済的立場に立たされている。

『アダム・スミスの夕食を作ったのは誰か？』161頁

ケアをするには責任が必要だが、お金の世界で最下層におかれる主婦バイトは、責任主体として扱われない。「経済人」だったときのほうが困っている子供たちをケアできたのに、子供のケアに慣れた今は賃労働でそのケア能力を使うことができないのはそういうことなのだろうけど、なんだか皮肉だ。理屈はわかったが、このシステムが現状、合理的だとはとても思えない。子供が勉強の楽しさを理解できず、学力が上がらなければ早晩辞められてしまうのだから、助けを必要としている子供を放置するのは「コスパ」が悪くないのだろうか？

『アダム・スミスの夕食を作ったのは誰か？』の著者は、どんなに経済のシステムが高度になろうとも、経済の根本にあるものは「人の身体」、つまり「ケアを必要とする身体」「人生のさまざまな局面で、誰かの助けを必要とする身体」（129頁）であると記す。だが、経済人はケアを必要とする身体を拒絶する。経済人にとって、身体は「活用して利益を出すべき」人的資本にすぎない。

経済人からすれば、将来的に大きな利益を出す見込みの低い子に大きなリソースを割いて教えるのはコスパが悪い、ということになるのだろう。それよりは、優秀な幼児をたくさん入れて中学受験塾の上位クラスに入れる児童を多数輩出し、評判を上げたほうがいい。かくして、ケアを必要とする子供は置いてきぼりになる。

ケア労働が経済に組み込まれても、その報酬はおおむね低い。同書はその理由を、人をケアする仕事は「愛とお金の二項対立のせいで、経済的に低く見られている」せいではないかと考察する。著者の表現によれば、経済学者は愛に「女性」のレッテルを貼り、経済から切り離した。そしてケアはそこらにいる女から無尽蔵に湧き出る天然資源として、安く見積もられたのだ。低賃金のため、日本のみならず先進国ではケア労働者は常時不足している。ケア労働以外の職場が女性にも門戸を開けば、女性たちがより待遇のいい仕事を求めるのは自然なことである。職業選択の自由があるのにお金が稼げないのは自己責任であるという価値観が広まったこともあり、低賃金のケア労働からは人が離れる一方だ。愛やケアを保護したいなら、ケア労働者にきちんとお金とリソースを提供すべきだったと同書は訴える。

経済人にとって気まずいのは、どんなに人的資本が高い人だって、老いや病気によって無力な依存状態になることからは逃れられないという現実だ。利益を出せなくなったら生きるのは無駄だ、と経済人は思うかもしれない。「経済人の世界なら、死はただの意思決定になる」（221頁）という同書の一文に、経済学者が高齢者に「集団自決」を促して物議をかもした一件を思い出す。彼もまた、経済人であることに忠実であろうとしただけなのだと思う。経済人は高齢者を殺したりしない。そんな野蛮なことはしない。この世は自由なのだし、すべて自分で決めていい。ただし、人に迷惑をかけないかぎり。迷惑をかけるようになったら……あとはわかるよね？

経済人は彼が駆逐しようとしてきた現実の、ひとつの症状なのである。身体や感情や依存や弱さを、社会はずっと女性のものにしてきた。存在しないはずのものだと言ってきた。

なぜなら、自分ではあつかいきれないからだ。

『アダム・スミスの夕食を作ったのは誰か？』224頁

経済人の発言がグロテスクだと批判される一方で、私たちはときに経済人に魅せられる。『主婦である私がマルクスの「資本論」を読んだら』（生田美保訳、DU BOOKS、2023年）の著者チョン・アウンもその一人だ。外資系企業で活躍するワーキングマザーだった著者は、周囲の「子供がかわいそう」攻勢に耐えきれず二人目を妊娠中に退職し、専業主婦になった。現在は作家業もしているが、生活の8割は主婦業で、会社勤めへの未練が捨てきれない。彼女がママ友相手にする「作家といえば聞こえはいいが、実体のない仕事だ。ろくな収入にならないし、虚栄心ばかり強くなる。昼も夜もひとり机に座ってする仕事なので孤独でおかしくなりそうだ」（48頁）という愚痴がわかりすぎる。一緒に愚痴りたいくらいだ。

彼女は結婚してから会社という存在が大好きになったという。男性側の血統を祀る行事（チェサ）が大々的に繰り広げられ、嫁がその料理の支度を取り仕切らなければならない韓国で、参加を免除される正当な理由は、「出勤」しかないからだ。会社があれば、合意した覚えのない大量の嫁業務から逃れられる。会社はいい仕事をすれば評価され、業務はある程度自分が身につけたスキルに基づくもので、事前の打診なしに無関係のタスクが突然降ってくることはあまりない。嫁をタダでこき使う理不尽な親族と比べたら、上司や同僚の不当な要求なんてかわいいもの。

「お金」が女性に対する古くからの慣習を突き崩してくれたと考える彼女は、『資本論』の読書会に出席しても、ほかの人のように資本主義を憎むことができない。家父長制に対抗できるのは、目下、資本主義だけなのだ。

韓国人であるチョン・アウンのこの実感は、日本人である自分にもよくわかるものだ。主婦とみなされた存在のあつかいを知ると、独立した個人でいられた「経済人」時代のやりがいが懐かしくなる。だが彼女は、利己的な欲求に忠実な人が経済的リターンと名誉を享受する一方で、他人をケアする人々を経済的に弱い立場に追い込み、あまつさえ「遊んでいる」とみなす資本主義社会のケア軽視に疑問を投げかける。さらに、韓国でも起きている看護師・保育士不足は、「女性の無償労働により大幅な利益を上げてきた資本主義体制がこれ以上作動しないことを示している」（２４５頁）と指摘することを忘れない。

私の実感では、ケア労働を抱えている高学歴の主婦バイトを安く使って成り立ってきた昔ながらの教育産業も、崩壊しつつあるように思う。出産後も会社を辞めず、経済人として働き続ける女性が増えたためだろう。私が働いている塾でも、採点バイトが少しずつ減っている。だいたい黙っていてもバイト募集に人が集まる状況なら、わざわざ生徒の保護者をバイトとして引っ張ってくる必要もないのだった。

女だって働けばお金を得て独立した個人として自由になれる資本主義は、女を無償のケア労働者として家に閉じ込める家父長制よりははるかにマシだ。問題は、ケアの経済的価値が相変わらず低すぎて、その担い手がどんどん減っていくことである。このままでは経済学者が集団自決を促すまでもなく、高齢者は生きていけなくなってしまう。少子化も、今のところ改善する見込みはなさそうだ。

資本主義は愛とケアにもっと高い価値を置く必要がある。困っている子供を放っておけないという感情を労働でいかんなく生かすことができ、金銭的に評価されるような社会なら、採点バイトだってこんなにつらくないはずだ。幸い賃労働はやめると言ったからって、家父長制下の嫁のようにいびられたりしないし、PTAみたいに脅されることもない。血縁や地域の束縛から逃れられる経済人を人々が目指すのは、やはり必然だったのだと思う。一方的にケアを押し付けられるのではなく、人間の弱さを見つめ、主体的にケアを行う経済人というものに、私はなりたい。

第4章

絆ではなく「親切」でつながるには

ドラマ『エルピス』が描く、守るべき者がいる人間の弱さと悪について

ファッションデザイナーの小篠綾子をモデルにした2011年度のNHK連続テレビ小説『カーネーション』に、印象的なセリフがあった。戦前昭和の時代に立体裁断を編み出し、洋裁で身を立てる道を猪突猛進に切り開いてきたヒロインの糸子は、赤子を背負いながら、ふと弱音をもらす。「(子供と一緒にいると)うちは自分が弱なった気がします」。すごいセリフだな、と思ったので今でも覚えている。

女の一代記ものといえば、小さい頃はおてんばで、年頃になれば恋する乙女になり、結婚後は子供のためならどんな苦労にも耐える肝っ玉母ちゃんになるというイメージしかな

かった。そうしたテレビ空間のなかでは、「守るべき者がいる人間は強い」「女は子供を産むとたくましくなる」「母は強し」といったキラキラした言葉しか聞けないのだろうと思い込んでいた。でも、『カーネーション』は違った。

仕事に生きる糸子は、子供を産んだらさっさと復帰するつもりでいた。その見立てが甘かったことに、産後の糸子は気づく。乳児は生まれたその日から夜泣きを始め、想像以上に手がかかる存在だった。同時にかわいさも想像以上だったから、糸子は子供にかかりきりになり、仕事もままならない。ただ、糸子が言っていた弱さは、職業人としてのそれではなかった。乳児はふにゃふにゃしたもので、四六時中ケアしなければならず、不安はつきない。この不安はいつ終わるのだろう、と糸子は考えて、気づいたのではないだろうか。人間はふにゃふにゃしたもろい生きもので、いくら大切に育てようが、自分が一生守りきることはできないのだと。戦争、天災、病気。子供を大事に思えば思うほど、不安はふくれあがる。自らの力を疑うことなく仕事に邁進してきた糸子は、そんな自分を初めて弱いと感じる。

『カーネーション』が放送された2011年は、東日本大震災が起きた年である。当時メディアでは、一瞬のうちに子供を奪われた親、親を失った子供の人生がひっきりなしにメディアに映し出されていた。幼子を抱え、妊娠中でもあった身としては、悲しみに共振して落ち込むことも多々あった。人間なんて酸素がなければ、強い衝撃を受ければ、あっけなく生命活動が終わってしまう。ゲームと違って残機もない。そんなもろい存在を大事に思いすぎること自体、人類のバグだとすら思えた。当事者ならともかく、直接関係のない災害でいちいち落ち込む自分は、いくらなんでも弱すぎやしないか。そんなふうに感じていたときだったからこそ、「自分が弱なった気がします」という言葉に心を射貫かれたのかもしれない。今まで描かれなかった人間像と言葉を紡ぐ脚本家・渡辺あやの名も、記憶に刻み込まれた。

ドラマ『カーネーション』と『エルピス』の共通点

渡辺あやが久々に脚本を手がけた連続ドラマ『エルピス—希望、あるいは災い—』(2022年)が話題になった。物語は深夜情報番組『フライデーボンボン』の収録現場から始まる。この番組のスタッフである20代のディレクター岸本拓朗(眞栄田郷敦)と30代の女性アナウンサー浅川恵那(長澤まさみ)、そして50代のチーフプロデューサー村井喬一(岡部たかし）の三人が中心となって、連続少女殺人事件の冤罪疑惑を追っていくというのが核となるストーリーだ。

　裁判制度の闇、警察、政権与党、テレビ局の腐敗を描いた挑戦的な内容だけに、プロデューサーの佐野亜裕美はテレビ局を移って6年がかりで放送にこぎつけたという。ネットニュースでそのことを知った当初は、そこまでして冤罪を描きたいという動機がよくわからなかった。だが、鑑賞するうちにその疑問は消えた。このドラマで描かれているのは、冤罪そのものというよりは、『カーネーション』の糸子が感じていたような守るべきものを持った者の弱さであり、それが組織的な悪を支えているということなのだと気づいたからだ。

　パワハラとセクハラで若手に忌み嫌われている村井、エースアナだったがスキャンダルから落ち目になり、村井に「ババア」「更年期」と罵倒されても無表情で流す浅川、エスカレーター式の名門校を卒業し、仕事より番組のアシスタントガールと付き合うことに情熱を燃やすお坊ちゃまの岸本。一見ジャーナリズムとは縁遠そうな三人が、ひょんなことから真相解明に動きはじめる。善と悪の間で揺れ動き続ける彼らは絶対的な善ではないが、絶対的な悪も登場しない（黒幕である大門副総理は純然たる悪人に見えるが、肉声をともなってドラマに絡んでくることはほとんどない）。代わりに、三人の周りには悪に加担する善人たちがたびたび現れる。彼らが見せるのは、守るべきものがある者の弱さだ。

最も印象的なのが、八飛《やとび》署の刑事・平川である。当初は冤罪に加担していた平川だが、署を守りきれそうもないとわかると50万円で警察内部の情報をテレビ局に売ろうとする。彼はお金を受け取る際、娘のピアノ代にするとわざわざ岸本に語る。最終話で風呂上がりの幼い娘の髪の毛を拭いてあげながら、松本死刑囚の冤罪を告げるニュース映像を眺める平川の姿は、子煩悩の善人にしか見えない。平川の行動は、客観的には悪に加担するものだ。しかし彼自身にしてみれば、その場その場で身内を守ることを最優先していたにすぎない。

岸本の母で敏腕弁護士である岸本陸子も、悪に加担する善人の一人だ。岸本は中学時代、いじめを学校に報告するように母に頼んだが、母はいじめ主犯格が有力者の息子であったことから握りつぶし、息子の友人を自殺に追いやった。息子を一生守り続けるために上流階級の世界に入れた母は、母子家庭育ちの息子がいじめのターゲットにならないためなら、他人を犠牲にすることをいとわない。早くに夫を亡くした彼女にとって、一人息子だけが守るに値する存在だった。

守るべきものを守っただけ、といえば、松本死刑囚の冤罪をでっちあげる虚偽の証言をした西澤の元妻もそうかもしれない。彼女はまだ幼かった二人の子供をDV夫から守るために、夫がうそをついていることを誰にも打ち明けられなかったと取材で語る。子供たちが成人し、守る必要がなくなったことで、元妻はようやく不正に目をつぶり続ける罪悪感から解放される。

善良そうな人々が守るべきもののために悪に加担する一方で、怒りと諦めの間で揺れながら善のほうに向かおうとする岸本・浅川・村井の三人には二つの共通項がある。一つは、守るべき存在を持たないことだ。岸本は母と二人で暮らしていた成城の実家から独り立ちする。浅川は一人暮らしの独身で、親族も友人もドラマには一切登場しない。村井にも家族の影は見えない。

もっとも浅川は古巣の看板ニュース番組『NEWS8』のメインキャスターに抜擢され、局の顔になると、一時的に真相究明への動きが鈍くなる。番組スタッフの生活を守る責任が生まれてしまったからだ。逆に村井は、最後まで守る側ではなく破壊する側であり続ける。序盤はただのパワハラ・セクハラおじさんにしか見えなかった村井だが、ドラマが進むにつれ、かつては悪を追及するジャーナリズム精神に燃えていた人物だったことがわかる。『NEWS8』時代、大門による「派閥議員のレイプ事件もみ消し」を報道しようとしたために26年間在籍した報道部から追い出され、深夜番組『フライデーボンボン』に左遷されたのだった。

とはいえ、彼もただの正義漢ではない。第9話の終わりに『NEWS8』のスタジオに乗り込み、パイプ椅子を振り回してセットを破壊する村井は、正義のヒーローというより遅れてきた学生運動の闘士のように見える。このシーンで、それまで村井が番組打ち上げのカラオケで朗々と歌い上げていた曲を思い出さずにはおれない。報道部を批判しながら歌ったとんねるず「ガラガラヘビがやってくる」（第1話）と、『フライデーボンボン』が打ち切られて制作から外されたときに替え歌で歌った尾崎豊「卒業」（第6話）。スタジオを所せましと暴れまわって高額な機材を壊した伝説を持つとんねるずも、校舎の窓ガラスを壊して回る歌詞で知られる尾崎豊も、80年代の反逆者のシンボルだ。

村井はおそらく、組織を守ろうとする退屈な大人に抗う反逆者としての自己像を、50代になっても捨てきれない人物である。だからこそ彼は保身を考えることなく、真相追及に殉じることができる。学生運動に挫折し、反抗のヒーローになりそこねた高校生たちが青臭く弱い存在であることを恥じるあまり、セクハラや軽薄な言動で強者を装ってプライドを守ろうとしたことは「学生運動の挫折と冷笑主義」（本書62頁）で考察したが、村井もまた、同じような屈折があったことがうかがえる。

浅川、岸本、村井の三人の前に現れる最も手強い悪の加担者は、浅川の元恋人の斎藤正一だ。政治部官邸キャップとして働くうちに大門副総理にかわいがられるようになり、政治への野心を燃やし始めた斎藤は、最終局面で「守るべきもの」の大きさを語って浅川のスクープを封じようとする。大門副総理が失脚すれば、内閣総辞職は免れ得ず、日本の国際的な信頼はゆらぐ。誰がどんな害を被るかもわからない。君はその責任を取れるのか？

「ケアの倫理」と「正義の倫理」の対照

ドラマを通じて描かれる浅川と斎藤との相克は、キャロル・ギリガンが『もうひとつの声で――心理学の理論とケアの倫理』で語る、「ケアの倫理」と「正義の倫理」そのものだ。斎藤と付き合っていた頃の浅川は、斎藤に小学生のように世間知らずだと笑われても反論せず、彼に抱かれることで守られようとしていた。

悔しいけど
やっぱり自分なんかには太刀打ちできないくらい
この世界は残酷でおそろしいのだと
思い知らされてしまうようなとき
どうしようもなく抱かれたくなるのはきっと
この人が私よりずっとそういうことに詳しいからだ
守られているような気がしてしまう
抱かれているだけなのに

『エルピス』第4話

同時に目撃したのは、女子たちが、自分の知っていることや、それまでしがみついてきたことを徐々にあきらめていく姿でした。彼女たちは、自分の経験とそぐわない現実が社会的に構築されていることに直面するにつれて、乖離めいたことが不可避になってくるのです。女子たちが足を踏み入れ、もしくは運ばれていく先の成人期は、力強い男性たちの経験に心理的に根差し、歴史的に定着した世界の中にあり、その第一歩は、自信喪失の始まり かつ 気づきの始まりを印《しる》すものです。

（……）

青年期になると自分たちの経験から声が乖離してしまうことによって、女子たちは、知っていることを語らなくなり、ついには知ることもなくなります。

『もうひとつの声で――心理学の理論とケアの倫理』36－39頁

浅川は入社3年目で看板番組のサブキャスターに抜擢されたにもかかわらず、自力で真偽を確認したわけではない情報を無責任に伝えるしかない自分に失望し、自信と自らの声を失った。自信喪失したままのドラマ前半の浅川は、斎藤に反論できない。

一方で、国を動かす権力を得ることが正義への近道だと考える斎藤の自信は、ずっとゆるぎがない。斎藤は国家や世界という抽象的思考によって「この国の未来」を守る正義の倫理の観点から、死刑囚への共感という感情に基づいて無関係な一個人を助けようとする浅川を笑う。しかし岸本や村井、弁護士、新聞記者、被害者遺族たちとネットワークを築き、ケアの倫理を確立した最終話の浅川は、もはや斎藤の論理に丸め込まれることはない。浅川は堂々と斎藤と交渉し、大門副総理に累が及ばないようにすることで斎藤の立場と自身の番組を守りながらも、松本死刑囚の冤罪を晴らす報道を行う。身内を守りつつ、一個人の命も守るというのが、浅川の出した結論だった。

分離を通して定義される自己と、つながりを通して定義される自己との対照が、ここでより明確になる。言い換えれば、卓越という抽象的な理想に照らして測られる自己と、ケアという具体的な活動を通して評価される自己との対照が、より明確になるのだ。

『もうひとつの声で——心理学の理論とケアの倫理』118頁

他者のために戦うということ

浅川・岸本・村井の三人は友情でも恋愛でもなく、もう一つの共通項「理不尽をこれ以上飲み込めない」で連帯し、あるときは離れたりしながら自分と無関係な他者のために戦う。恋愛も、親子の情愛も、男同士の強い絆も、このドラマにおいては必ずしも美しくなく、正しくもない。

そもそも巨悪に見える大門副総理が冤罪を作り出したのは、幼なじみの社長を守るためだった。その幼なじみが大門副総理を頼ったのも、息子を守るためである。一方、妻子を事故で亡くした松本が死刑囚にでっちあげられたのは、身寄りがいないせいだった。そして冤罪が晴らされたのは、義父の虐待で家を出た少女を縁もゆかりもない松本が助け、その元少女が岸本に必死に訴えたのがきっかけだった。

守るべき者がいる人間は弱くなる。その弱さが悪をはびこらせる。ユダヤ人大量殺戮の主犯の一人でありながらも、自分はユダヤ人絶滅には反対だったが命令だから従っただけだと法廷で訴え、家に帰れば子煩悩な父親だったとされるナチス親衛隊中佐アイヒマンを、ハンナ・アーレントは「凡庸な悪」と形容した。気弱そうな小人物アイヒマンに欠けていたのは、死に追いやられる者の苦痛に対する想像力だった。

このドラマで描かれる「凡庸な悪」たちは、守るべきものを持ってしまった弱い私の似姿でもある。弱い凡人が悪に加担しないためには、自分と全く異なる他者の内面を想像し、ネットワークを築き、ケアをしていくしかないということを、このドラマは描いているのだと思った。

若者に忌避されるセクハラ・パワハラ男として登場しながらも、多面的な存在として魅力的に描かれた村井という人物像も、私にはドラマの作り手による「他者へのケア」に見えた。深夜バラエティ時代に冤罪疑惑を報じるにあたって女子アナの浅川が最も気にしていたのは、局内の権力を握る「おじさんたちのメンツとプライド」という地雷を踏むことなく、おじさんたちの機嫌をケアすることだった。

同じく男社会を長年生き延びてきたこのドラマの作り手の女性たちも、この難しいドラマを地上波で放映させるにあたり、中高年男性のケアを考えたのだと思う。村井の活躍が、時代の変化に取り残されることに内心おびえ、自由を奪われたように感じている中高年男性たちの傷つきを和らげたことは想像にかたくない。構想が6年前だから致し方ないとはいえ、2023年現在の視点からは、ハラスメントが口の悪い小学生レベルにとどまっていて裏表のない村井の造詣はいささかファンタジックにみえる(一昔前ならともかく、現在のハラスメントはもっと巧妙で陰湿だろう)。とはいえ、一般的には女性の敵といえる存在の内面を想像し、声を与えたからこそ、このドラマは6年がかりで放送にこぎつけることができたのではないだろうか。

恋愛、親子愛、友情といった強い絆を美しく描くフィクションが現代人の涙を絞る一方で、現実社会で他人のために動く人々は、「自分の人生がうまくいっていないから承認欲求を満たしたいだけ」「貧困ビジネス」などと動機を裏読みされやすい。SNSで活動家への嘲笑が飛び交うのは日常茶飯事だ。ベトナム反戦を訴えて活動した70年代の高校生の理想が笑いものになってからの時代を生きる私たちの多くは、他人のために動く人々にリアリティを持てない。だが、他者の経験を理解する訓練をしないかぎり、守るべきものを抱えた人間はずっと弱いままだ。

『もうひとつの声で——心理学の理論とケアの倫理』に登場する30代の女性シャーロンは、道徳的意思決定をする正しい方法について尋ねられ、唯一の方法は「できる限り目を覚ましておくこと」（246頁）だと答える。「問題に関わるものごとをすべて考慮しようと努めて、できる限りいまなにが起きているのかに気がつけるように」すること。シャーロンは、自分の思考は責任と、自分と他人のことをケアすることから導かれると語る。ケアの倫理は、身内の外側に想像力を働かせづらい凡人が、強くあれる唯一の武器なのだと思う。身内を守ることを建前にして飲み込めないものを飲み込んでいるうちに、自分の声を失ってしまわないように。

親切で世界を救えるか

映画『すずめの戸締まり』と
カート・ヴォネガット・ジュニア『ローズウォーターさん、あなたに神のお恵みを』

中学3年生の娘に誘われて新海誠監督の最新アニメーション映画『すずめの戸締まり』(2022年)を鑑賞した。どんな内容かは知らないが、同じようによく知らないまま娘に連れて行かれた『劇場版「鬼滅の刃」無限列車編』だって親子してベショベショに泣いたのだし、今回も涙腺が弱くなった中年らしく何も考えずに感情をほとばしらせていくつもりだった。だが、上映が終わったあとの私たちは真顔だった。よくできたエンタメ映画だし、十分楽しんだのは事実だけれど、クライマックスで描かれている自己犠牲が、自分にとっては感動よりも胸がえぐられてしまうタイプのものだったのだ。

自己犠牲ということでいえば、『劇場版「鬼滅の刃」無限列車編』のクライマックスの泣かせどころも自己犠牲である。正直にいえば、「煉獄さん」のあのシーンは戦争美談みたいだと思わないでもなかった。戦時中の戦争美談「爆弾三勇士」では泣けないのに、なぜ「煉獄さん」では泣けたのか。振り返ってみると、最期のケアの描写が効いていたように思う。

煉獄杏寿郎は死の間際、幼い頃に死に別れた母の魂を見る。母は生前「弱き人を助けることは強く生まれた者の責務です」と口にしていた。彼が「母上　俺はちゃんとやれただろうか　やるべきこと　果たすべきことを全うできましたか？」と問うと、母は「立派にできましたよ」と微笑む。彼は血まみれになりながらも子供のように笑ってこときれる。やさぐれた父親からずっと認められなかった彼が求めていたのは、死んだ母からの承認というケアで、最期にその願望は充足されるという描写に、悲劇によって生じたこちらの心の痛みが浄化されたのだと思う。

これに限らず、『鬼滅の刃』では鬼殺隊であれ、鬼であれ、読者が感情移入できるように造形されたキャラクターが死ぬ際は、当人の願望が満たされる描写がなされることが多い。あれも読者の心を傷つけすぎないようにする、作者のケアだったのだろうなあと今さらながら思う。もちろん、いかなる形であれ自己犠牲的な死を無邪気に賞賛するのは危険なのだろうけど。

一方で、『すずめの戸締まり』における自己犠牲では、無邪気に庇護者を求める幼子のような存在が、最終的に庇護を断念して人々を守るために死（のような状態）を選ぶという形をとる。それにより主人公の恋愛は成就するが、ケアを求めて得られない幼な心を目にしたこちらの心は、痛みっぱなしのまま終わってしまう。まだまだ現世で恋愛を楽しみたい！　という主人公たちは生き延びられるのに、恋愛どころか庇護を求める発達段階にあるおちびさんは、現世を生きることもできない。そんな不公平ある？　かわいそすぎない⁇　と混乱したまま場外に出ると、そのキャラのぬいぐるみが売りきれていた。庇護を求める存在を見殺しにした疑似体験による罪障感から、ぬいぐるみを愛でずにはいられない人がたくさんいたのだろう。

あまりにかわいそうだったので、鑑賞後も誰を代わりに犠牲にするのがよかったのかを考えてしまう。しかし一人二人犠牲になれば大地震を制御できる作品内の設定自体が、自己犠牲による感動を呼び起こすためのものなのだろうから、心の痛まない選択肢は無さそうだ。そこまで考えて、このモヤつきはストーリー上の欠陥ではなく、信仰の違いに基づくものだと気づいた。

無垢な弱者が全体に奉仕するために（あるいは愛する者のために）自己犠牲をする姿はけなげで美しい、という道徳観と、弱者こそ真っ先にケアしなくてはいけない、というケアの倫理との仁義なき戦い。あるいは、優先すべきは美男美女の恋愛か、弱き者への庇護欲か、という問題でもあるかもしれない。

どちらの信仰の持ち主であるかで、クライマックスの評価は割れるのだろう。両者の価値観のすり合わせをすることは難しい。どの種の愛を優先するか、何に感動するかは、理屈で制御できることでもでないからだ。愛は排他的なものである。でも、『すずめの戸締まり』の魅力的な脇役たちが示す親切がすばらしいという点なら、意見の一致をみることができそうだ。

映画『すずめの戸締まり』の魅力的な脇役とケア

九州から東北へ向かう過程で、主人公たちは3人の助力者に出会う。最初に出会うのは、愛媛の民宿の娘で、家業を手伝いながら高校に通う茶髪でばっちりメイクの女の子。彼女は運搬中の食材を主人公に拾ってもらった縁で、主人公を自分の民宿に泊まらせ、おいしい料理をごちそうし、制服のまま飛び出してきた主人公に自分の私服をプレゼントする。

2人目は、ヒッチハイクをしていた主人公を拾って神戸まで同乗させるスナックのママ。主人公はそのお礼に、シングルマザーである彼女の幼い双子の子守をし、スナックの手伝いをする。

3人目は、主人公とともに地震を止めにいく「閉じ師」の学友である男子学生。彼は主人公と追いかけてきたその叔母を中古の赤いスポーツカーに乗せ、彼らを東京から東北まで運ぶ。明るい茶髪にピアスというチャラめの風貌だが、彼こそは何気ない親切のかたまりのような存在である。主人公の叔母のために昭和歌謡を流し、彼女に突然泣きつかれればびっくりしてソフトクリームを落としながらも肩をさすって慰め、主人公とその叔母のややこしそうな境遇にたびたび「闇深《ふけ》ぇ」とひとりごちながらも場を明るくしようと気を遣い、決して内心に深く踏み込もうとはしない。彼は常に平熱で、愛車のスポーツカーが横転しても朗らかさとクールさを失わない。劇中で一番の気遣いの人である彼は、車の運転をしただけの一般人であるにもかかわらず、作品内で一、二を争う人気キャラクターなのだそうだ。

彼らは3人とも、主人公たちが日本を震災から救うという大それた使命を背負っていることを知らない。ただ、赤の他人である主人公が困っているようだから親切にし、なんだか必死そうに見えるから力添えをする。見知らぬ他者同士の親切とケアの応酬が心地よく、この親切パワーで最後まで押し切るエンディングだったら、心が痛まずに済んだのにと思ってしまう。でも、自己犠牲というほどではないゆるやかな他者同士の親切だけでは、クライマックスを盛り上げることはできないのもわかる。私たち大衆がフィクションに感動するためには、恋愛、家族愛、友情、共同体といった他者排除的な強い絆と、絆から生まれた強い愛着を示すための自己犠牲が、どうしても必要なのだろう。娯楽のためのフィクションならそれでもいいのだろうが、強い絆が理想化されればされるほど、そこから外れた人が現実社会で生きづらくなりそうだ、とも思う。

他者への親切のみで生きようとした男

私たちは親切だけの物語では満足できないのだろうか。

若い頃、カート・ヴォネガット・ジュニアの小説が好きだった。その中に、恋愛、家族、友情の絆をすべて振り切り、ただ他者への親切のみで生きようとした男を描いた『ローズウォーターさん、あなたに神のお恵みを』（浅倉久志訳、ハヤカワ文庫、1982年）という有名な小説がある。

主人公のエリオット・ローズウォーターは、先祖がなした巨万の富を受け継ぎ、恵まれない人を助けるローズウォーター財団を設立する。かつては学業とスポーツに優れ、第二次世界大戦に大尉として従軍し、いさましい戦績を収めた前途有望な若者だった彼は、たくさんの友人たちと美しい妻から離れ、飲んだくれの太った中年となって一人で相談所をかまえている。そこで彼はひっきりなしにくる電話相談に応対し、相手が誰でもおかまいなしに話を聞き、ときにはお金を与える。たとえばカミナリに殺されるといって電話してきた病弱な高齢女性には、「なんてやつだ、あのカミナリは」「まったくあのカミナリはけしからん。あなたをいつもいじめたりして。ひどいやつだよ」と本気で怒ってみせる。そして、殺されるほうがましだなんて思ってはいけないよと諭す。

「だれが気にかけてくれますだ？」

「ぼくが気にかける」

「あなたはみんなのことを気にかけてらっしゃるで。あたしのいうのは、ほかにだれがいますね?」

「たくさんの、たくさんの人びとがいるよ」

「こんな頭のわるい、六十八の婆あを?」

「六十八はすばらしい年ごろだよ」


『ローズウォーターさん、あなたに神のお恵みを』83頁

エリオットは戦時中、ナチス親衛隊と間違えて、建物を消火しようとしていただけの勇敢な少年を銃剣で突き刺して殺してしまったことがある。自分が殺したのが年端もいかない少年だったことを知った彼は神経症に倒れ、その後、軍に送還された。彼はそのトラウマから、資本主義社会の強者としての人生を生きるのをやめ、「貧しい人びとの真剣で親身な友人」としての人生を生き直そうとしているのだった。エリオットの父である上院議員は、優秀だった息子が跡継ぎを作ろうとしないことに焦り、エリオットを診た精神分析医に、エリオットの性的エネルギーの対象について尋ねた。「ユートピア」という答えに、

父は落胆する。
エリオットの妻は、夫の行為は正しく美しいと思いつつも、自分はそこまで強い人間でもよい人間でもないと考え、夫から離れた。美しい妻にさえ執着せず、「あらゆる人間を、相手が何者だろうと、相手がなにをしていようとおかまいなく愛する」エリオットの姿を見た父は、自分たちのように「特定の人間を特定の理由で愛する」者は、〝愛〟ではなく別の言葉を見つけないといけないとエリオットの妻に語る。

「たとえばだな——わしは家内を、いつもうちへくる屑屋よりも深く愛していた。だが、それだと、わしは現代の最もいまわしい犯罪に問われることになるんだ——サベツイシキというものにな」

『ローズウォーターさん、あなたに神のお恵みを』93頁

共和党の保守派議員である父は、努力する者だけが成功し、沈みたい者はおとなしく沈ませればいいと考えている。彼はリベラルのことを演説で次のように腐す。「夢のようなたわごとと作り話の切り売り屋、タダでいいものがもらえると空約束する政治的ストリッ

パー、蛮族も含めてあらゆる人間をいっしょくたに愛するやから」（33頁）。彼は当然、エリオットの行動を理解できない。

エリオット自身も、どんなろくでなしにも施しを与える自分のふるまいが愚かしく見えることを自覚している。手紙の中で自身を「のんだくれのユートピア夢想家、インチキ聖者」（17頁）と記す彼は、実のところ父親と同じ目線で自分のことを見ているのだ。最終的にエリオットが行き着く場所は、精神科病院である。

著者のヴォネガット自身も、エリオットと同じく戦争のトラウマを抱えていたことはよく知られている。彼は第二次世界大戦末期にドイツ軍の捕虜となった際、連合国軍が一般市民を無差別に爆撃した「ドレスデン爆撃」に巻き込まれている。自軍に攻撃されたヴォネガットは、自分たちの排他的な愛——祖国愛、家族愛、同胞愛——がどのような結末をもたらしたのか、よく知っている。ヴォネガットの著作の核心とされる有名なフレーズ「愛は負けても、親切は勝つ」は、自身の体験と決して無縁ではないだろう。だから彼はエリオットのことを、ただの失敗した滑稽な社会主義者のようには描かない。

エリオットが作中で最後にとった「親切」は、彼の子供になりたがる子をすべて受け入れると宣言することだった。もちろんそんな大盤振る舞いは、莫大な財産がなければできることではない。仮に無限の富があったとしても、現実的にはさまざまな問題が出てくるだろう。だが、作中に登場するＳＦ作家キルゴア・トラウトが予言するように、「人間を人間だから大切にするという理由と方法」が見つけられなければ、文明の進歩によって多くの人間の価値が失われたときに、その命を尊重する理由は無くなってしまうのも事実だ。その理由と方法が、ヴォネガットにとっては誰に対しても親切であり続けるという信条を愚直に守り続けることだったのだと思う。

特別な誰か・何かへの愛と、愛に殉じる自己犠牲は美しいけれど、その美しさは戦争への熱狂を後押ししてきたものでもあるからだ。

「こんにちは、赤ちゃん。地球へようこそ。この星は夏は暑くて、冬は寒い。この星はまんまるくて、濡れていて、人でいっぱいだ。なあ、赤ちゃん、きみたちがこの星で暮らせるのは、長く見積もっても、せいぜい百年ぐらいさ。ただ、ぼくの知っている規則が一つだけあるんだ、いいかい――なんてったって、親切でなきゃいけないよ」

『ローズウォーターさん、あなたに神のお恵みを』１３９頁私もフィクションの中だけは、庇護を求めるあらゆる小さい者たちが、「ようこそ」と迎え入れられるハッピーエンドを見ていたいと思う。それがバカげた信仰に過ぎないとしても。

礫にされることなく「親切になろう」と言うために
映画『エブリシング・エブリウェア・オール・アット・ワンス』

「『エブリシング・エブリウェア・オール・アット・ワンス』観に行こうよ。お母さん昨日観たんだけど面白かったから。すっごい評判でアカデミー賞も獲りまくってるし」

「どこら辺が面白いの」

「母と娘のマルチバースものなんだけどさ、娘が『この世に意味がなさすぎてだるいな〜』ってなってベーグルをブラックホールにして、全宇宙をぶっ壊そうとするわけね」

「SFかあ」

「母親はカンフーで戦って」

「え、カンフー映画？」

「ポメラニアンを振り回したりトロフィーをお尻に挿して戦ったりもする」

「うーん」

「そのほかにも指がホットドッグになる宇宙とかコックの頭の上に載ったアライグマが料理を教える宇宙とかにジャンプしたりして笑えるし泣けるんだよね～」

「お母さんがすすめると、面白く思えないんだよなあ……」


お母さん。それは面白くなさの象徴のようなもの。インスタグラムの写真一枚で何十万人もの若者に影響を与える華やかなインフルエンサーの対極にあるものを定義するとすれば、それはお母さんである。勉強しなさい、早く風呂に入りなさい、野菜も食べろ、寝っ転がってiPadを見るな。お母さんが言わなければならないことはことごとく退屈だけれど、子供の生活習慣、性格、発達、病気、事故、トラブルの責任を社会から問われるのも、やはりお母さんなのである。今も両親在宅時に幼児が窓から落ちたというニュースで、「母親が目を離したすきに」と報じられているのを目にしたところだ。ケア責任がお母さんに集中すればするほど、お母さんはいっそう退屈な存在となる。排水溝の掃除に親戚付き合いにベルマーク貼り、採点バイトまで、この世の退屈はだいたいお母さんが引き受けている。

ヒロインは家父長制にとらわれた退屈なお母さん

映画『エブリシング・エブリウェア・オール・アット・ワンス』(2023年)の主人公エヴリンも、そういう退屈なお母さんとして登場する。コインランドリー店を経営する中国移民のエヴリンは、生活に疲れ切っている。エヴリンを支配しているのは、仕事をしながら家事も育児も介護も、さらには親族の誕生日や近所の人々をもてなす行事の準備まで、すべてのケア責任を母親が担わなければならないというアジアの家父長制的価値観だ。義務をこなすだけの退屈な生活を、彼女は円の中をただぐるぐる回っているようなものだと表現する。

一方、優しい夫ウェイモンドは退屈な生活に彩りをもたらす達人で、ランドリーバッグに目玉シールを貼ってかわいくしたり、客とダンスを踊ったりする。だが男に家父長であることを求めるエヴリンは、うだつのあがらない夫に内心失望し、まるで使用人のようなあつかいをする。家父長制において上下はあっても対等はない。上でなければ下なのだ。大学を中退した娘のジョイに対しても、見た目から言葉遣いまで、やかましく注意をせずにはおれない。

エヴリンが一番恐れているのは、中国から来た車椅子の父・ゴンゴンだ。駆け落ちして勘当されたにもかかわらず、父に認められたい気持ちを手放せないエヴリンは、ジョイが同性愛者であることを必死に隠そうとする。その言動はジョイを傷つけるが、すっかり心が擦り切れているエヴリンは、娘の心までケアする余裕はない。いつも通訳を務めてくれる娘が帰ってしまったため、エヴリンは国税庁の監査に娘抜きで立ち向かわなければならなくなる。人生の煩雑さについに限界突破したエヴリンが国税庁の建物の中で目にしたのは、別宇宙のウェイモンドが乗り移った夫だった。彼からマルチバースにカオスをもたらす強大な敵を倒す使命を託されたエヴリンは、別宇宙にバースジャンプしてカンフー女優や歌手やシェフなど、これまで選ばなかった選択肢を生きるエヴリンの人生とリンクする。

エヴリンの前に立ちはだかる強大な敵ジョブ・トゥパキとは、娘ジョイのマルチバースでの姿である。ジョイは才能を伸ばすためにマルチバースの母エヴリンに壊れるまで追い詰められた結果、精神が飛び散って宇宙最凶の存在ジョブ・トゥパキとなったのだった。

ジョブ・トゥパキは、夢と希望、過去の成績表、あらゆる犬種、ゴマ、ケシの実、塩、その他すべてをベーグルの上に載せてブラックホールのようなものを作り出した（理論上はどんな物でもその質量のシュワルツシルト半径に達するまで圧縮すればブラックホールになり得る。なお、地球質量のシュワルツシルト半径は約9㎜である）。

マルチバースをエヴリンの内面宇宙ととらえれば、個人の才覚が評価される華やかな職業に就いたり、指がホットドックの宇宙で女同士で暮らしたりしているエヴリンの姿は、家父長制からの脱出願望の表れとみることができる。中国で生まれ育った中高年女性にとって最も可能性の高い人生とは、そのまま中国で結婚して嫁として生きることだが、どの宇宙のエヴリンも嫁ではない。

本書195ページでとりあげた『主婦である私がマルクスの「資本論」を読んだら』の著者チョン・アウンは、韓国で女性が結婚するということは、想像だにしていなかったありとあらゆる家事が否応なく降りかかってくることだと記している。韓国の既婚女性は、夫と子供の衣食住の世話のみならず、夫の拡大家族の大小さまざまな行事まで面倒をみなければならない。著者はそのやりくりを「決闘」と表現する。同じアジア系女性であるエヴリンも、冒頭から自分の生活を「戦場」になぞらえている。マルチバースにジャンプしたエヴリンが決闘を繰り広げるのも、彼女の目に映る他者とは、自分を見下して無理難題をふっかけてくる敵にほかならなかったからだろう。

母と娘が抱える虚無感

マルチバースがエヴリンの内面だとして、なぜ娘が最も強大な敵となるのか。家父長制下で自我を抑圧してきた母は、自分に従属するべきなのに自分とは異なる価値観をぶつけてくる同性の娘がモンスターのように見えるからではないだろうか。シーンごとに変わるジョブ・トゥパキのカラフルなファッションに、インスタ女王の渡辺直美を幻視した人は、きっと私だけではないはずだ。女性が自己表現する手段にあふれたSNSの時代を生きるアメリカ育ちの娘と、アジア育ちで自己抑制的な母との世代間断絶を、彼女のファッションは表現しているようにみえる。

ジョブ・トゥパキ／ジョイがブラックホールによって本当に崩壊させたかったもの。それは全宇宙ではなく、自分自身だった。単一の価値観にとらわれている母とは対照的に、マルチバースに精神が飛び散ってあらゆる価値観を体験したジョブ・トゥパキは、重要なものは何もないという虚無感にとらわれている。

ジョブ・トゥパキが感じる倦怠は、ＳＮＳなどを通じて多様な価値観に触れて価値相対主義に陥った現代人にもみられるものかもしれない。共同体が共有する単一の価値観に従うしかない伝統的共同体から抜け出した個人は、自由に思想や価値観を選ぶことができるようになった。少なくともリベラリズムは、それが可能であるという前提に立つ。自由を得た代わりに共同体からの承認を失った個人は、生きる意味を自分で模索しなければならない。生まれや属性よりも個人の能力を重んじる能力主義の社会では、さしあたってなんらかの能力を身につけることが承認を得る方法となる。多くの人がチャンスを得る一方で、競争は激しい。親や周囲の期待に応えられないのは自分の責任であるとして、罪悪感を抱える人も少なくない。研鑽を積んで能力を獲得しても、ＳＮＳで自分の上位互換はいくらでもいると知って、どうやって自分の価値を絶対視できるだろう。何も重要ではないという虚無感は、自分の存在価値が感じられない痛みからも、期待に応えられない罪悪感からも解放してくれる。

ジョブ・トゥパキ／ジョイは、母を連れてベーグルの中心に吸い込まれようとする。中心が空虚なベーグルは、父親の望む正しい娘になれなかったと考えるエヴリンと、母親の期待に応える能力を得られなかった自分に失望しているジョイが抱える虚無の象徴である。

最も印象的な宇宙は、母娘そろって岩になっている、生命の存在しない宇宙である。エヴリンは娘の言葉遣いを例によって注意するが、（岩になってまでそんなことを気にするなんて）マジか、と娘に突っ込まれ、クソ冗談よ、と自ら汚い言葉を使い始める。他者がおらず、そもそも性別もない宇宙でようやく、母娘は対等な個人としてやりとりできるようになる。バースジャンプのトリガーとなる「普段の自分が取らない行動」を繰り返したエヴリンは、いつの間にか自己の輪郭をゆるめ、「かくあるべき自分」「こうなりたかった自分」という自己を覆っていた緩衝材を取り払い、むき身のままで娘と関われるようになっていたのだった。人類の歴史をふりかえり人類の愚かさと虚無感を娘とわかちあったエヴリンは、やがて虚無のその先にむかう。そのキーとなるのが、岩に貼られる目玉シールだ。

実生活でウェイモンドがあちこちに貼る目玉シールは、母と娘の虚無をあらわすベーグルを白黒反転させたものといえる。目玉シールは、あらゆる無意味に意味をもたらす楽観主義の象徴だ。この映画のもっとも面白くない要約は、「人に優しくなれないおばさんが、楽観的な夫の『親切になって（be kind）』という言葉で改心して親切になり、国税庁の監査を乗り越える」である。そしてここまでしてきた私の面白くない説明ではさっぱり想像がつかないかもしれないが、この映画は社会派映画でもシリアスなヒューマンドラマでも租税教育映画でもなく、直球のド下ネタとダグラス・アダムス『銀河ヒッチハイク・ガイド』ばりのSF不条理ギャグが怒濤のように繰り出されるお笑い映画である。事実、監督のダニエルズはi-Dのインタビューで『銀河ヒッチハイク・ガイド』の影響を公言している。[*1]

広大な宇宙からみればすべては無意味

『エブリシング・エブリウェア・オール・アット・ワンス』と『銀河ヒッチハイク・ガイド』の笑いのベースにあるのは、広大な宇宙からみればすべては無意味であるという虚無主義だ。『銀河ヒッチハイク・ガイド』は、こんなエピソードから始まる。たまには人に親切にしたらすてきだろうな、と言ったばかりに一人の男が磔《はりつけ》になってから約二千年後、小さなカフェに一人座っていた女の子が突然の啓示を得る。今まで何が間違っていたのか。

今度こそ確実に、誰も礫にされることなく、世界を幸せな善い場所にする方法とは何か。だが、女の子がそれを理解した直後、銀河バイパス建設の邪魔になるからという理由で地球が破壊される。「誰も礫にされることなく、世界を幸せな善い場所にする方法」は永遠に失われ、小説は彼女と一切関係なく進む。

『銀河ヒッチハイク・ガイド』においては、人の死も地球滅亡も、ささやかなできごとにすぎない。地球を破壊したヴォゴン人がなおも主人公たちを殺そうとするのは攻撃本能を無意味な暴力として健全に発散するためだし、人間の5万倍の知能を搭載されたロボットは重度のうつ病になるし、主人公の命が助かるのは愛や勇気や努力のおかげではなく、ただの偶然だ。神も倫理も存在しない宇宙で、宇宙人は朝目覚めるたびに頭を悩ませる。「わたしが生きる目的はなんなのか」。それを知るため、彼らはスーパーコンピューター「ディープ・ソート」を設計し、「生命、宇宙、すべて（Life, the Universe, and Everything）の究極の問題」への解を求めた。750万年後にディープ・ソートがはじき出した答えは、

＊1　“Interviewing the cast of Everything Everywhere All At Once” i-D, 13 May 2022 https://i-d.vice.com/en/article/n7nx8b/everything-everywhere-all-at-once-interview

「42」だった。生きる意味を算出させるには、問いがぼんやりしすぎていたのだ。続編以降も生きる意味を求める試みは続くが、ことごとく銀河系の精神分析医らによって邪魔をされる。みんなが生きる意味を知ってしまったら、精神分析医や哲学者が商売上がったりになってしまうからだ。

『銀河ヒッチハイク・ガイド』が描くこうした人間存在の軽さは、他者におびえる人付き合いが苦手なギークたちの救いとなってきた。私もずっと大好きな作品だ。一方で、この小説をそのままマニュアルとして読めば、他者を尊重することに意味を見出せない人間になりかねない（難病を抱えた従業員を解雇し、「（エンジニアのような本当の仕事をしていない君がクビを不当だと訴えるのは）対人スキルがあるからとでもいうのか？」と揶揄したTwitter社のCEOイーロン・マスクの愛読書が、『銀河ヒッチハイク・ガイド』であることは有名だ）。『エブリシング・エブリウェア・オール・アット・ワンス』に、『銀河ヒッチハイク・ガイド』にはない新しさがあるとすれば、虚無主義のその先に意味を求めるために、「親切」を見たことのないパッケージで打ち出していることである。

親切を勝たせる困難さ

みんながみんなに対して親切になれば、すばらしい世界になることは間違いない。だが、「親切になろうよ」とただ口にしたところで、ナイーブなお花畑脳の持ち主としてバカにされるのは容易に想像がつく。バカにされるだけならまだいいほうで、親切の対象が社会的弱者や地球や動物だった場合には、きれいごとをシノギのネタにして利権をむさぼっているのだろうと裏読みされたり、社会正義のふりをした差別主義者と糾弾されたりすることだってありうる。他者へのおびえを、人を人とも思わぬ冷笑的な態度によって覆い隠すことが、現実的な賢さを示すふるまいとなって久しい。みんなが私的な欲望を追求すれば見えざる手によって社会全体の幸福が実現すると考える経済人にとって、倫理は欲望に待ったをかけて幸福追求を邪魔する足かせにすぎない。

前章で紹介したヴォネガット『ローズウォーターさん、あなたに神のお恵みを』の主人公エリオットも、弱者に無差別に親切にした挙句、最終的に精神科病院に送られてしまう（ちなみにダニエルズ監督は前述のインタビューでヴォネガットの影響も口にしている）。「愛は負けても、親切は勝つ」はヴォネガット作品のテーマを表す有名なフレーズだが、これは諦念含みの言葉でもある。「人間を人間だから大切にするという理由と方法」の必要性を誰よりも痛感しながら、それを提示することの難しさも、ヴォネガットは作家としてよく知っている。経済人が支配する社会で、礫にされることなく親切になろうと口にするのは困難だ。

虚無を超えて親切になるために

『エブリシング・エブリウェア・オール・アット・ワンス』は、「誰も礫にされることなく世界を幸せな善い場所にする方法」、そして「人間を人間だから大切にするという理由と方法」に一つの回答を示す。中年男性が放つ「親切になって（be kind）」というシンプルなフレーズが、これほど痛切に響く作品はないだろう。ド下ネタもウエストポーチで戦うアジア系あるある小ネタもポメラニアンを振り回すひどいギャグも、ウェイモンドの言葉を広く響かせるためには絶対に必要だったと個人的には思う。隅から隅まで良識的に作られていたら、中年女性と同性愛者とアジア系が活躍する本作は、倫理を押し付けて娯楽を奪う「ポリコレ」映画としてマジョリティに礫にされることは想像にかたくないからだ。

マルチバースにおけるウェイモンドの戦い方を見て、他者の状況を想像するエンパシーの重要性を理解したエヴリンは、額に目玉シールを貼る。彼女はもう、押し寄せる刺客たちを力でねじふせることはない。刺客たちが求めることを察し、個々へのケアの実践によって窮地を脱する。家父長制規範に縛られていたエヴリンは、マルチバース体験によって、一人ひとりに宇宙があり、価値観があり、人生があることを理解したのだった。周囲を敵視し、対話を拒否していたエヴリンの他者への接し方が、決定的に変わった瞬間である。『銀河ヒッチハイク・ガイド』では敵でしかなかった官僚主義的な公務員も、この作品ではエンパシーの対象となる。

ウェイモンドが訴える「親切」は、道徳的な規範ではない。混沌とした世界で、虚無に陥ることなく生きる意味を見出す処方箋のようなものである。女が男に、子供が親に、下が上に従属する家父長制は、他者が他者であることの恐怖に耐えられない人にとっては居心地の良い制度だったのかもしれない。女・子供を家庭と地域の「絆」で縛り付けておけば、他者を尊重するなんて面倒なことをするまでもなく、孤独にならずにすむ。だが、インターネットで多様な価値観を知った女も子供も、もはやおとなしく従属はしない。世界はふたたび混沌に包まれる。

混沌とした世界で、他者を「自己をおびやかす脅威」とみれば、心は恐怖と苛立ちで擦り切れる。他者への恐怖は、やがて怒りと攻撃に変わるだろう。人生は混乱する一方だ。だが、自己の輪郭をゆるめて他者の人生を想像することによって、日々の混沌に意味が生まれる。何が起こっているのかわからないときほど親切にせよ、とウェイモンドが語るのはそういうことだと思う。何に意味を見出すかを自分で決めれば、それこそが生きる意味となる。あらゆる宇宙を体験し、自分にとって大切なものが何かを思い知ったエヴリンは、人生で出会う他者と対話し、関わるという道を選ぶ。そして過去の選択への後悔をやめ、「今・ここ」の人生を愛し始める。

「残念ながら女児です」という言葉とともに生まれ、父に「なに一つやりとげたことがない」と存在価値を認められずに育ったこと。それが長い間エヴリンのトラウマとなっていた。だが、家父長の目ではなく、自分自身の目によって自分を肯定できるようになったエヴリンは、父に否定されてももはやゆるがない。「あなたが私を誇りに思えなくてもかまわない。やっと自分になれたから」。

自己肯定を通じて娘の存在を肯定できたエヴリンは、あなたの価値観は理解できないが、それでもあなたと一緒にいたいのだと娘に打ち明ける。トラウマの世代間継承が断ち切られ、母と娘はただ、互いを否定することなく別々の宇宙を生きる。この結末は、それぞれの宇宙がぶつかりあって常に争いが絶えないＳＮＳ時代を生きる我々をも包み込む。

本作のもう一つの面白くない要約は、ケア責任を一人で背負い込み自他の心をケアできなくなった中年女性が、背負った荷物をおろしてケアをわかちあい、主体的にケアの実践を選ぶ物語である。お母さんは退屈な存在になりすぎないよう、知らないうちに背負い込んだ「かくあるべき自分」をときどきはぶん投げたほうがいいのだ。親切はそこから始まる。

あとがきにかえて――こねこのぴっちが家出をした日

次女は小学校入学まであと4か月というところで、自閉スペクトラム症（ASD）の診断を受けた。

当時、次女には友達がいなかった。代わりにハンス・フィッシャーの絵本『こねこのぴっち』（石井桃子訳、岩波書店、1954年）に登場する子猫のぬいぐるみを肌身離さず持ち歩いていた。砂場の中にまで持ち込むからすっかりボロボロになってしまったが、ほかのぬいぐるみでは代わりがきかないらしかった。次女にとって、「ぴっち」はただのぬいぐるみではなく、唯一話が通じる、たった一人の相棒なのである。「くたくたぴっち」という商品名を持つそのぬいぐるみは、猫の世界がめんどうになって人間の世界にもぐりこんでしまったような、とぼけた顔立ちをしていた。

もう　一ぴき、いちばんちいさくて、いちばんおとなしいこねこは、ひとり　かごのなかで　かんがえごとを　しています。これが　ぴっちです。
いぬの　べろが、しんぱいそうに　ぴっちをみています。ぴっちが、ほかの　こねこ

のように　あそばないからです。

『こねこのぴっち』

専門のクリニックで診断が下りたとき、白髪の院長は「ぼくも自閉症なんですよ」と次女にやさしく笑いかけた。こんなふうに次女に親しみを見せる大人はめったにいない。会話が成り立ちづらくてつかみどころがなく、ふとしたきっかけで癇癪を起こす次女は、配慮と矯正が必要な奇妙な子として扱われるのが常だった。なのに目の前の先生ときたら、まるで「こちら側の世界にいらっしゃい」とでも言いたげな表情を浮かべている。

「昔だったから、親は矯正したがってね。大学では寮生活なんかさせられて大変でした。あんまり大変なんで、医局は全員自閉症の医師で固めたんです。事務のお姉さんも自閉症なの」

ＡＳＤの世界

ＡＳＤの人は、ＡＳＤの人とだけわかりあえるのだろうか。「自閉症は独特の文化を持つ一つの部族（tribe）である」というアプローチでASDの世界を読み解く、スティーブ・シルバーマンの著書〝NeuroTribes〟[*1]を読んでみた。

ジャーナリストとしてIT業界を取材していた著者は、IT企業が集まるシリコンバレーで自閉症の有病率が高いことに気づく。いわゆるギーク・カルチャーと呼ばれる、システムや機械に強い関心を持ち、社交性は低いが仲間同士で饒舌にマニアックなSFドラマや恐竜の話で盛り上がるIT技術者たちの文化を、著者は自閉症と関連付けてみせる。人付き合いがぎこちない人でも仲間を見つけられるアマチュア無線とSFファンダムという二つのコミュニティの立役者となったヒューゴー・ガーンズバックも、自閉症だった可能性が高いという。

他の子たちと遊べないのは、違う「部族」に属しているだけ。それなら娘もずっと一人ぼっちのままではないだろうと思えた。ただ、当時の彼女の世界に入り込めるのは、ぴっちのぬいぐるみだけだった。次女と意思疎通を図るには、私がぴっちになりきるしかない。食が進まないときは、私がぴっちをあやつりながら、「人間はずいぶんおいしそうなものを食べるニャー。ぴっちにも食べるところをみせてくれニャー」などとアテレコする。次女がぴっちに話しかけたら、私はぴっちを生きているように動かしながら答えるのが常だった（無視すると、「ネコしゃべって！」と催促される）。

「ぴっちはどんな音楽が好き？　ウチは『リンダ リンダ』が好き」

「ぴっちも好きニャー。ドーブネーズミ2匹にーふーりーかーけをーかけーたいー写真には映らないーお、い、し、さーがあるからー」

「ぎゃははは」

小学校での様子を聞き出すときも、ぴっちが役に立った。次女は学校から帰ってくるなり、「猫の学校はどうだった？」「猫の音楽はなに歌うの？」とぴっちに聞くことを日課としていたからだ。私が例によってアテレコで「『ヒトふんじゃった』を歌うニャー」「猫の体育は魚食べ競争ニャー」などと猫の学校生活をでっちあげ、しかるのちに「人間の学校では何するニャー」と聞くと、次女はぴっちに言い聞かせるようにすらすらと語るのだった。

＊1　Steve Silberman, NeuroTribes: The Legacy of Autism and How to Think Smarter About People Who Think Differently, Avery, 2015.

ぴっちの家出

そこで、ひとりで　うちをでていきました。
ぴっちは、そんなこととは　ぜんぜん　ちがうことが　したかったのです。

『こねこのぴっち』

「事件」は、次女が小学2年生のときに起きた。次女がバスの中にぴっちを置き忘れてしまったのだ。バス会社に問い合わせても、そんな忘れ物は届いていないという。すっかり意気消沈し、泣きじゃくる次女を、ただ慰めるしかなかった。とっくに販売終了していたぬいぐるみだったから、買い直すこともできない。フリマサイトでも売り切れ。誰かに見つけてもらえたら、と一縷の望みをかけて、写真をTwitterにアップしてみた。もしかして、今頃はもうゴミとして処理されているのかもしれない。想像すると、意外なほど悲しい気持ちがこみあげてきた。母である私にとっても相棒のような存在だったのだ、ぴっちは。

すると、シリコンバレー駐在中に、同じぴっちのぬいぐるみを無くしたことがあるという男性から返信をいただいた。チラシを貼って懸命に探した結果、1か月後に同僚の助けを得て大事なぴっちを取り戻したというその男性は、なんと見ず知らずの私たちに、親切にもぴっちのぬいぐるみのスペアを送ってくれるという。次女の落ち込みは見ていられないほどだったので、図々しくもお言葉に甘えることにした。このやりとりが拡散されると、さらに驚いたことに、ぴっちを車内で見つけたという関東バスの運転手さんから、Twitter経由で直接連絡をいただいた。あわてて菓子折りと次女のお礼の手紙を手に、親子して関東バスに向かう。ぴっちは無事、家に帰ってきた。2匹の新品ぴっちと、「かんにゃん。」（関東バスのマスコットキャラクター猫）のぬいぐるみを連れて。

この事件以来、私は少し変わった。障害児の親は毎日が戦いだとよく言われる。支援は黙っていても与えられるものではないので、自分で調べ、関係各所に出向き、主張し続けなくてはいけない。送迎義務があって家に一人で置いておけない小学生がいたら勤めは退職せざるをえない。さらに母親に自己犠牲させたがる宗教右派と関係が深いPTAが個々の母親の事情を汲んでくれるはずもなく、障害児を家に一人で置いて役員となって奉仕活動をせよ、特別扱いは認めないとごり押ししてくる。家族以外の周囲が敵ばかりに見えていたあの時期に、縁もゆかりもないのに個人として我が子をケアしてくれる人々をまのあたりにしたことで、自分も世界にやさしくしてみようかなと素直に思えたのである。本書で「ケア」という不得意分野を深掘りしたくなったのは、このできごとも関係していたのかもしれない。

ネットワーク越しに世界が次女にほほえみかけたあの日から、次女の世界は外界に少しずつ開かれ始めた。と同時に、ぴっちは次女の世界から静かにフェードアウトしていった。ぴっちはもはや人間の子供に食事を促すことも、学校について聞くこともない。普通の子猫のぬいぐるみらしく、家出とともに我が家にやってきた猫のぬいぐるみたちと一緒に、寝室の片隅でくったりしている。

ぴっちも、たのしそうに、いっしょに　あそんでいます。
もう、ねこより　ほかのものになるのは　やめようと、ぴっちは　おもいました。

『こねこのぴっち』

こねこも、次女も、私も、そして誰もが、自分よりほかのものにならなくてもいい、と思える世界になりますように。

＊本書の「『鬼滅の刃』にみるケアの倫理」については、『現代ビジネス』の「『鬼滅の刃』、中1の娘を魅了した「いい子な主人公・炭治郎」…その〈新しさと古さ〉」（2020年11月19日公開）、「あとがきにかえて——こねこのぴっちが家出をした日」については、『群像』の「自閉症の女の子が見る・読む・触る世界」（2021年8月号掲載）、そのほかは『OHTABOOKSTAND』の連載「ぼんやり者のケア・カルチャー入門」（2022年2月～2023年4月）に掲載された記事に加筆・修正を加えたものである。

堀越英美

ほりこし・ひでみ。1973年生まれ。文筆家。著書に『紫式部は今日も憂鬱 令和言葉で読む「紫式部日記」』（扶桑社）、『エモい古語辞典』（朝日出版社）、『女の子は本当にピンクが好きなのか』『不道徳お母さん講座』『モヤモヤしている女の子のための読書案内』（河出書房新社）、『スゴ母列伝』（大和書房）、訳書に『自閉スペクトラム症の女の子が出会う世界』（河出書房新社）、『「女の痛み」はなぜ無視されるのか?』（晶文社）、『ギタンジャリ・ラオ STEMで未来は変えられる』（くもん出版）、『ガール・コード』（Pヴァイン）など。

装画 庄野紘子
装丁 川名潤
編集 藤澤千春

親切で世界を救えるか
ぼんやり者のケア・カルチャー入門

発行日 2023年12月25日 第1版第1刷発行

著者 堀越英美
発行人 森山裕之
発行所 株式会社 太田出版
〒160-8571
東京都新宿区愛住町22 第3山田ビル4階
電話 03-3359-6262
Fax 03-3359-0040
HP https://www.ohtabooks.com

印刷・製本 株式会社シナノ

ISBN 978-4-7783-1902-1 C0095